Wozu sind wir auf der Erde?

ERICH VON DÄNIKEN

Wozu sind wir auf der Erde?

KOPP VERLAG

1. Auflage Oktober 2022
2. Auflage März 2023

Copyright © 2022, 2023 bei
Kopp Verlag, Bertha-Benz-Straße 10, D-72108 Rottenburg

Alle Rechte vorbehalten

Lektorat: Christina Neuhaus
Umschlaggestaltung, Satz und Layout: Stefanie Huber

ISBN: 978-3-86445-884-2

Gerne senden wir Ihnen unser Verlagsverzeichnis
Kopp Verlag
Bertha-Benz-Straße 10
D-72108 Rottenburg
E-Mail: info@kopp-verlag.de
Tel.: (0 74 72) 98 06-10
Fax: (0 74 72) 98 06-11

Unser Buchprogramm finden Sie auch im Internet unter:
www.kopp-verlag.de

Inhaltsverzeichnis

Am Anfang war … 7
Die Sache mit der Bibel 37
Glaube gegen Irrtümer 99
Unfrisierte Gedanken 165
Unbeantwortet 181

Literatur 194
Bildquellen 203

Am Anfang war ...

Wenn Gott eine Erfindung des Menschen ist, woher kommt dann der Mensch? – Aus einer langen Kette der Evolution. Woher sonst?

Und was startete diese Evolution? – Irgendwelche Atome, die sich zu Molekülen ordneten.

Woher kamen diese Atome? – Das Universum ist voll davon.

Ach ja, und woher kommt das Universum?

Die Religion behauptet: Am Anfang war Gott. Woher allerdings dieses Wesen namens Gott kam – wer es erschaffen hat –, bleibt unerfindlich.

Die Wissenschaft weiß es anders: Am Anfang war der Urknall – der »Big Bang«. Prächtig! – Und was verursachte diesen »Big Bang«? Von nichts kommt nicht mal in der Astrophysik etwas.

Tatsächlich stehen wir noch immer im Nebel und irrlichtern mit nichtssagenden Aussagen umher. Neuerdings wird auch die Urknalltheorie angezweifelt. Das Universum war schon immer da, heißt es nun, vergleichbar einem Kreis – der hat schließlich auch weder Anfang noch Ende. Allerdings ist diese Antwort genauso unbefriedigend wie alle bisherigen. Auch der ewigste Kreis müsste sich ja irgendwann mal gebildet haben.

Über die Entstehung des Universums wissen wir rein gar nichts. Alles hat eine Ursache, lehrt die Physik. Und selbst die Quantenphysik, die es fertigbringt, das Prinzip von Ursache und Wirkung zu vertauschen, hilft nicht weiter. Wenn zuerst das ewige Universum existiert und viel später ein »Schöpfer« dieses Universum erdacht haben soll, müsste dieser »Schöpfer« aus dem Universum hervorgegangen sein. Damit landet man aber wieder beim Konzept des »ewigen Universums«. Kreise im Kreis im Kreis im Kreis ...

Die Astrophysik erdenkt stets neue Modelle, um das Unverständliche verständlich zu machen.

Professor Hermann Nicolai, em. Direktor und wissenschaftliches Mitglied am Max-Planck-Institut für Gravitationsphysik in Potsdam, plädiert für ein Multiversum. Nach dieser Theorie ist unser Universum gerade mal ein winziger Teil eines Megauniversums. Es wimmelt demnach von Universen um uns herum, vergleichbar mit einer Badewanne voller Bläschen aus Sauerstoff. Die Bläschen explodieren, lösen sich auf – und neue bilden sich. Ein Blasenuniversum.

Professor Martin Bojowald von der Pennsylvania State University (USA) vertritt die Theorie des »Big Bounce« (Großer

Rückprall). [1] Nach dieser Vorstellung existierte vor unserem Universum bereits ein anderes, das bis zur kleinsten Einheit kollabierte (Big Crunch), woraufhin ein Nachfolgeuniversum entstand.

Der Astrophysiker Paul A. LaViolette sieht das wieder anders. Die Big-Bang-Theorie stimme nicht, und die Annahme, sie lasse sich mithilfe der sogenannten Rotverschiebung beweisen, beruhe auf Missverständnissen. [2] LaViolette plädiert für die Theorie einer ununterbrochenen Erzeugung neuer Materie. »LaViolettes umfassendere Theorie von der kontinuierlichen Materieerzeugung resultiert aus einem neuen Ansatz in der Mikrophysik, den er als Subquantenkinetik (SQK) bezeichnet«, berichtet das Magazin *Nexus*. [3] Und in diesem Universum oder diesen Universen leben wir Menschen. Intelligent genug, um uns Gedanken über ebendieses Universum zu machen, aber zu unwissend, um eine beweisbare Antwort zu finden.

Es existieren Hypothesen zu zyklischen Universen, Paralleluniversen, Multiversen und ewigen Universen. Und da seit 2022 das James-Webb-Teleskop mit seinen hochmodernen Instrumenten den Weltraum abtastet, werden wieder neue Universen entdeckt werden: Noch ferner, noch älter, noch rätselhafter als die bisherigen. Das Verständnis für den Kosmos erweitert sich ins Unermessliche. Egal, welches Konzept sich schließlich durchsetzt oder wie viele neue Theorien dazukommen – die Frage nach dem Ursprung bleibt. Und damit nach einem »Geist« oder einem anderen Ding, welches dahintersteckt. Die Antwort, nichts stecke dahinter, weil es das oder die Universen immer gegeben habe, führt in die nächste Denkblase.

Alles falsch, meint der Autor Wilfried Multhammer und postuliert in seinem Buch *Virtuelle Götterspiele* [4] eine »animierte Welt«.

»Der Glaube an die reale Außenwelt ist ein weit verbreiteter und darum erlaubter Selbstbetrug«, so Multhammer, und er fragt sich, ob die Wirklichkeit, in der wir leben, womöglich gar nicht existiert. Ist alles, was wir sehen, nur Einbildung, eine Art Traum? Sind unsere Gefühle lediglich Illusionen, unsere Handlungen bloß fiktiv? Sind wir in Wahrheit nur die Figuren in einem virtuellen Spiel? »Leben« wir demnach in einer animierten Welt und wurden von dem oder den unbekannten Spielleitern mitsamt der Umwelt und der gesamten Idee unseres Universums erschaffen?

Unsinn, antwortet der Realist. Wenn ich einen Stein berühre, spüre ich schließlich die Härte des Materials, fühle seine Temperatur. Das Gefühl von Liebe ist echt, denn es durchglüht mich genauso wie der Schmerz, der mich zur Verzweiflung treiben kann. Und sollte ich jemanden ermorden, komme ich ins Gefängnis. Alles Realitäten und weit entfernt von einem »virtuellen Spiel«.

Wilfried Multhammer widerspricht. Als Beispiel verweist er auf den sumerischen Gott Enki. Der ist »als Leiter oder Aufseher immer präsent und überwacht alle Maßnahmen«. Enki hat offensichtlich die Möglichkeit, das Geschehen zu beeinflussen. Er ist Besitzer der »göttlichen Dekrete, die er bei Bedarf aktivieren kann«. Woher stammte die plötzliche Erkenntnis über die benötigten Werkzeuge für steinzeitliche Monumentalbauten? Wie konnten die Menschen aus dem 3. Jahrtausend v. Chr. gigantische Bauwerke entwerfen, von denen sie von vornherein wissen mussten, dass sich die Arbeiten daran über viele Generationen hinziehen würden?

So wird im Alten Testament beschrieben, wie sich Moses über die Bundeslade mit seinem »Gott« unterhalten konnte. Mit welchem »Gott«? Dem allmächtigen Spielleiter? Jahrtausende später eroberten die Tempelritter Jerusalem. Dort entdeckten sie einen rätselhaften Gegenstand und transportierten ihn nach Europa. Fortan häuften die Templer ungeheure Reichtümer an. Woher? Multhammer vermutet, der Ritterorden habe in Jerusalem die Bundeslade geraubt und es fertiggebracht, sie in Betrieb zu nehmen. Zitat: »Was dann geschah, haute sie dennoch buchstäblich aus ihren Rüstungen. Der Gott der Israeliten erschien zwischen den Cherubinen und sprach zu den Anwesenden [...].« In den späteren Prozessprotokollen wird von einem »Baphomet« berichtet, der den Templern Anweisungen gab. Baphomet? Der Leiter des virtuellen Spiels?

Multhammer verweist auf unsere Augen, die im Volksmund oft mit einer Kamera verglichen werden. In Wirklichkeit hat das menschliche Auge mit einer Kamera gar nichts gemein. Das Auge besteht aus biologischem Gewebe, aus Eiweißen, Wasser, Enzymen und so weiter. »Der ›Glaskörper‹ im Auge ist mit einer gelartigen Substanz gefüllt, was bei der Abbildung der Außenwelt ein gravierendes Hindernis darstellt.« Tatsächlich spiegeln unsere Augen nicht die reale Umwelt, sondern ein Kunterbunt von Impulsen wider, die erst durch das Gehirn zu einem Bild zusammengesetzt werden. Dasselbe gilt für die anderen Sinnesorgane. Egal, ob wir riechen, fühlen, hören oder tasten – immer sind es die unterschiedlichsten eintreffenden Signale, die unser Gehirn, das ja keinen direkten Zugang zur Außenwelt hat, erst zu einem »Sinn« bündeln muss.

Sind wir also nur die Figuren in einer gigantischen Simulation? Dieser Gedanke geistert seit 2 Jahrzehnten um die Welt. (Im Netz zirkulieren mehrere Abhandlungen darüber). An einem Ereignis aus der Vergangenheit möchte ich belegen, dass die Idee mit dem »Spielleiter« einer virtuellen Welt denkbar ist.

In der Nacht des 21. Septembers 1823 erlebte der damals 18-jährige Amerikaner Joseph Smith (1805–1844) eine seltsame Erscheinung. Seine Schilderung:

> Während ich im Gebet zu Gott ergriffen war, gewahr ich, dass ein Licht in meinem Zimmer erschien, das zunahm, bis der Raum heller war als am Mittag. Worauf alsbald ein Engel neben meinem Bett erschien, in der Luft stehend, denn die Füße berührten den Boden nicht. Er war mit einem Gewand von außerordentlicher Weiße bekleidet. Es war weißer als irgendetwas, das ich je gesehen habe; auch glaube ich nicht, dass irgendetwas Irdisches so auserlesen weiß und glänzend werden könnte. Seine Hände waren bloß, auch seine Arme, bis etwas über dem Handgelenk. Auch seine Füße waren unbekleidet, ebenso seine Beine, bis ein wenig über den Knöcheln. Sein Haupt und sein Hals waren ebenfalls bloß. Ich konnte sehen, dass er außer diesem Gewand nichts anderes trug, denn es war offen und ich konnte seine Brust sehen. Er nannte mich beim Namen und sagte zu mir, er sei als Bote der Gegenwart Gottes zu mir gesandt worden und heiße Moroni; Gott habe ein Werk für mich zu tun [...]. Er sagte, auf goldenen Platten sei ein Buch aufbewahrt, das einen Bericht von den früheren Einwohnern dieses Kontinents und ihrem Ursprung gebe; auch sei darin eine Fülle des ewigen Evangeliums enthalten, wie es der Heiland jenen alten Einwohnern verkündigt habe [...]. Nach diesen Mitteilungen

sah ich, wie sich das Licht im Zimmer um ihn zusammenzuziehen begann, bis der Raum wieder dunkel war [...]. [5]

Nach dieser ersten Erscheinung wurde Joseph Smith weitere Male vom Engel Moroni besucht. Dieser verkündete ihm, auf einem nahen Hügel seien goldene Platten mit Schriften vergraben. Moroni zeigte Joseph Smith die exakte Stelle. Der junge Mann grub die Platten aus und präsentierte sie mehreren Zeugen. Darunter auch Notaren, welche die Echtheit der Platten eidesstattlich bestätigten. Auf den Platten befanden sich Schriftzeichen, und mithilfe von zwei seltsamen »Übersetzersteinen«, die sich Joseph Smith an die Stirn halten musste, konnte er die Botschaft übersetzen. So entstand *Das Buch Mormon*, die heilige Schrift der Mormonen. Die auch »Kirche Christi« genannte religiöse Gruppe zählt heute über 10 Millionen Gläubige. Sitz des Mormonentums ist die Stadt Salt Lake City im US-Bundesstaat Utah.

Eine unglaubwürdige Geschichte? Erfunden von einem Träumer oder Wichtigtuer? Und was soll sie mit einer virtuellen Realität zu tun haben?

Die Platten mit den Schriften existierten tatsächlich. Bis zu jenem Tag hatte niemand etwas von ihnen gewusst. Der Engel Moroni führte Joseph Smith zielgenau zum Fundort. Also muss irgendwer irgendwann die Platten dort deponiert haben. Der Inhalt der Platten – das heutige *Buch Mormon* – enthält eine unsagbare Fülle geschichtlicher Ereignisse, die den frühen amerikanischen Kontinent betreffen. Man erfährt, dass eine Gruppe von Menschen aus dem fernen Osten – die Jarediten – mithilfe von zwei Schiffen nach Südamerika gelangt war. Von Chile aus wanderten die Jarediten nach Norden durch die heutigen Staaten Peru, Kolumbien, Ecuador sowie ganz Zentralamerika bis nach Utah. Nun enthält *Das Buch Mormon* derart viele Daten und Namen, geografische Angaben und Familienlisten, dass diese niemals vom damals erst 18-jährigen Joseph Smith ersonnen worden sein konnten. Übrigens leiten sich »die Jarediten« von »Jared« ab, und der wiederum ist »der Herabgestiegene«.

Wer also lenkte den jungen Mann aus einfachen Verhältnissen und verlieh ihm quasi die Autorität eines Priesters? Wer wusste von den versteckten Platten? Wer war jener »Engel Moroni«? Einer der Spielleiter unserer virtuellen Welt? Und was sollte das Ganze? Weshalb sollte Joseph Smith eine neue Religion begründen? Zu seiner Zeit mangelte es wahrlich nicht an Konfessionen und zahlreichen christlichen Kirchenablegern wie etwa den Presbyterianern, den Baptisten, den Methodisten, der United Church of Christ und so weiter. (Eine Liste von über hundert christlichen Kirchen veröffentliche ich in meinem Buch *Botschaften aus dem Jahr 2118.* [6, ab Seite 55])

Warum also noch eine Religion? Angesichts unserer nie enden wollenden religiösen Zerwürfnisse, Streitereien und Rechthabereien könnte man sich durchaus fragen, ob vielleicht ein sardonisch lächelnder Spielleiter all die religiösen Irrungen und Wirrungen der Menschen verfolgt, um gelegentlich »korrigierend« einzugreifen? Zudem – und dies verkompliziert die Geschichte – wusste dieser »Engel Moroni« offenbar, dass die Metallplatten in einer fernen Zukunft auftauchen würden, denn diese Feststellung wird ausgerechnet in den Tafeln selbst verkündet. Wie das? *Das Buch Mormon* gibt Auskunft:

Wohl denen, die diese Dinge ans Licht bringen, denn sie werden Gottes Wort gemäß aus der Dunkelheit ans Licht gebracht werden; ja, sie werden aus der Erde hervorgebracht werden und zur Kenntnis der Völker gelangen [...] und niemand kann es verhindern. Und sie werden an einem Tag erscheinen, wo man sagen wird, dass Wunder aufgehört haben; und es wird sein, als ob jemand von den Toten redet. [...] Ja, es wird an einem Tag geschehen, wo man von Feuer, Stürmen und Rauchdämpfen in fernen Ländern hören wird. Auch wird man von Kriegen und Kriegsgerüchten und Erdbeben an verschiedenen Orten hören [...].

Ob virtuelle Welt oder nicht, festzuhalten bleibt, dass irgendwelche »Himmelsboten« immer wieder verschiedenen Menschen erschienen sind und sie zur Gründung einer neuen Spielart der christlichen Grundreligion veranlassten. Nun mögen einige Menschen unter Wahnvorstellungen leiden, andere sich zu Propheten berufen fühlen und ihrer Gemeinde eine neue Variante des Christentums abverlangen – als Erklärung reicht das aber nicht. Denn viele Sektengründer konnten die Botschaften, welche sie erhielten, durch Tatsachen belegen.

So auch Joseph Smith im Fall der Goldplatten. Oder – lange vor der Entstehung des Christentums – der babylonische König Belšazar: Diesem erschien während eines Festgelages eine »schreibende Hand«. In deutlichen Buchstaben ritzte diese die Worte »Gezählt, gewogen und für zu leicht befunden« an die Wand. So zumindest überliefert es die *Bibel* im Buch Daniel ab Kapitel 5. Wer war der unsichtbare Schreiber? Ein »virtueller Führer«?

Im apokryphen Buch Tobit ist nachzulesen, wie der Erzengel Raphael Tobias und seinem Sohn erschien. Und ebenfalls lange vor dem Christentum zeigte sich dem Jüngling David –

dem Vater des späteren Königs Salomon – eine himmlische Erscheinung, die ihn leitete. Dem berühmten Gesetzgeber Numa Pompilius – der Sage nach der zweite König von Rom erschienen Götter und befahlen ihm, was zu tun sei. Wie auch dem Minos, König und Gesetzgeber von Knossos. Sogar Äneas, ein Held des trojanischen Sagenkreises, zeigte sich nach seinem Tod in voller Rüstung seinem Sohn Ascanius und erteilte ihm Ratschläge. Der altiranische Religionsstifter Zarathustra, der um 600 v. Chr. als Lehrer auftrat, empfing die entscheidenden Passagen seiner religiösen Texte von einer »leuchtenden Gestalt«. Und sogar Mohammed, der Prophet und Gründer der islamischen Religion, verkündete, ihm seien Erscheinungen zuteil geworden, die ihm die Texte des heiligen *Koran* übermittelt hätten.

Und so geht es weiter durch die Zeiten. Meistens waren es nicht die Menschen selbst, die sich eine neue Religion erdachten. Irgendwer aus einer verborgenen Welt hielt sie dazu an. Weshalb? Diese jeweiligen »Führer« aus einer anderen Ebene müssten doch eigentlich gewusst haben, dass es auf der Erde von Glaubensgemeinschaften nur so wimmelt. Warum dann stets neue Spielarten? Weshalb alleine innerhalb des Christentums über 200 Glaubensrichtungen? Was ist der Sinn? Nochmals: Menschen können sich sehr wohl irgendetwas ausdenken, sich wichtig nehmen oder sich zu Verkündern aufschwingen. Doch in all den hier zitierten Fällen erlebten Hunderte und gar Tausende von Menschen die Erscheinung eines Wesens, das plötzlich auftauchte und sich ebenso plötzlich wieder auflöste. Nicht ohne vorher eine Botschaft verkündet zu haben.

In meinem Buch *Erscheinungen* [7] belege ich anhand von über 200 Daten und Orten seltsame Begegnungen zwischen

Menschen und »himmlischen« Gestalten – meistens der christlichen »Mutter Gottes«. Stets tauchte eine Art Autorität aus dem Nichts auf und unterwies einzelne oder ganze Gruppen von Menschen.

Als Beispiel mag die Erscheinung im Frühjahr 1947 in Montichiari dienen, einer kleinen Stadt im Norden Italiens, 20 Kilometer von Brescia entfernt. Dort spielte sich Seltsames ab:

Die junge Krankenpflegerin Pierina Gilli betete in der Kapelle des Krankenhauses, als sich plötzlich in der Luft über dem Altar eine Frauengestalt in violettem Kleid materialisierte. Damals – 1947! – existierten weder Computer noch Laserstrahlen, mit denen jemand ein Trugbild in die Kapelle hätte projizieren können. Die fremde Dame weinte; aus ihrer Brust ragten drei Schwerter – aber kein Tropfen Blut war erkennbar. Das fromme Fräulein Pierina war verwirrt. Narrten sie ihre Augen und ihr Verstand? Stellte sie sich etwas vor, das gar nicht existierte? Am 13. Juli 1947 wiederholte sich das Mirakel. Diesmal trug die fremde Dame ein weißes Gewand, und in ihren Händen hielt sie drei Rosen. Eine weiße, eine rote und eine gelbe. Mutig fragte Pierina: »Wer seid Ihr?« – Die Erscheinung lächelte freundlich und antwortete: »Ich bin die Mutter Jesu und die Mutter aller. Ich wünsche, dass alljährlich der 13. Juli zu Ehren der geheimnisvollen Rose [Rosa mystica] gefeiert wird«. [8] Dann verblasste die Erscheinung.

Unmöglich – ist man versucht zu sagen. Eine Erscheinung, die spricht und Forderungen stellt? Das kann doch alles nur eine Sinnestäuschung des strenggläubigen Fräuleins Pierina gewesen sein! Doch das Wunder ereignete sich wieder und wieder und verlegte zudem den Ort des Geschehens von der Krankenhauskapelle in die Dorfkirche. So geschehen am 22. Oktober, am 16. und 22. November sowie am 8. Dezember. Inzwischen sprach die ganze Dorfgemeinde von dem Ereignis, und am 8. Dezember reisten über 4000 Menschen aus der gesamten Lombardei nach Montichiari. Die Dorfkirche platzte aus allen Nähten, und die Menschen drängten sich in den Gassen ringsum. Gemeinsam mit den Gläubigen betete Pierina. Dann rief sie plötzlich laut: »Oh! Die Madonna!« Doch außer Pierina sah niemand etwas. Pierina schilderte, die Gottesmutter stehe auf einer schneeweißen Treppe und sei mit farbigen Rosen geschmückt. Dann habe die Erscheinung zu Pierina gesagt: »Ich bin Maria voll der Gnade, die Mutter meines Sohnes Jesus. Mit meinem Kommen wünsche ich ›geheimnisvolle Rose‹ genannt zu werden.« [9]

Bis dahin lässt sich das Mirakel auf natürliche Weise erklären: Pierina Gilli bildete sich das alles einfach nur ein. Religiöse Wahnvorstellungen, würde der Psychiater urteilen. Doch hier ist die Geschichte noch nicht zu Ende. Am 17. April 1966 – 19 Jahre nach den ersten Erscheinungen – weilte Pierina im Nachbardorf Fontanelle, gerade mal 3 Kilometer von Montichiari entfernt. Auf der Treppenstufe, die zu einer kleinen Quelle führte, schwebte die »geheimnisvolle Rose«. Dann sagte die Erscheinung zu Pierina, diejenigen Menschen, welche an sie glaubten und das Wasser der Quelle tränken, würden von ihren Krankheiten geheilt. Am 13. Mai, am 8. Juni und am 6. August 1966 wiederholte sich das Spektakel. Die »Mutter Jesu« versprach, Menschen von ihren Krankheiten zu befreien, sofern sie ihre Fehler bereuten und sich vornahmen, sie nicht zu wiederholen. [9] Seither ereignen sich an der Quelle von Fontanelle Wunderheilungen. Genau wie in Fátima (Portugal), Lourdes (Frankreich) oder Guadalupe (Mexiko).

Bekanntlich wimmelt es in der Welt des Katholizismus nur so von Wallfahrtsorten – und an ausnahmslos jedem von ihnen geschehen Wunderheilungen, die medizinisch nicht erklärt werden können. Ich besuchte unzählige dieser Stätten und staunte. Überall hatten einstige Kranke ihre Krücken, die sie nach ihrer wundersamen Genesung nicht mehr benötigten, an die Mauern genagelt. Auch klebten dort Votivtafeln mit Inschriften wie »Maria hat mich geheilt«, »Ich war blind und kann wieder sehen«, »Meine Lähmung wurde hinfortgenommen«, »Mein Krebs auf der Lunge hat sich aufgelöst« und so weiter. Diese Zeugnisse ehemaliger Patienten beweisen die Heilungen. Aber ist damit auch die Marienerscheinung bewiesen? War es tatsächlich die »Mutter Gottes«, die das Wunder bewirkte?

Nein. Weshalb nicht? Weil sich derartige Heilungen bereits in vorchristlicher Zeit ereigneten, in Epochen also, in denen niemand etwas von Jesus, geschweige denn von einer »Mutter Gottes« wusste. Ich belege dies am Beispiel Epidauros. Der Ort liegt in Griechenland und ist heute ein Touristenmagnet. In Epidauros wirkte der Gott Asklepios (Äskulap) – ein Sohn von Apollon. Demselben Apollon wurde bereits im 8. Jahrhundert v. Chr. in Delphi ein Heiligtum errichtet, in dem sich selbstverständlich Wunder ereigneten. Taube konnten plötzlich hören, Nierensteine lösten sich auf rätselhafte Weise auf, glatzköpfige Männer erfreuten sich nach dem Besuch der Kultstätte eines üppigen Haarwuchses, und versteifte Finger ballten sich wieder zu Fäusten. Apollons Sohn Asklepios war aber auch in den Tempeln von Pergamon, Sikyon, Knidos, Kos und Athen tätig. Und an jedem Ort nagelten die Menschen Votivtafeln an die Wände, um sich für ihre Genesung zu bedanken. Im Jahre 1928 fand man bei Ausgrabungen in Epidauros sechs Steintafeln mit Danksagungen. Da wurde berichtet:

> Ambrosia von Athen, einäugig. Kam als Bittfleherin zu dem Gott Asklepios. Als sie im Heiligtum umherging, lachte sie über einige Heilungen und hielt es für unmöglich, dass Lahme und Blinde gesund werden sollten, da sie nur einen Traum gehabt hätten. Nachdem sie im Heilraum des Asklepios geschlafen hatte, kam sie sehend heraus. – Euphippos trug 6 Jahre eine Lanzenspitze im Kiefer. Nachdem er im Heilraum geschlafen hatte, ging er mit der Lanzenspitze in den Händen gesund heraus. – Hermodikos von Lampsakos war am Körper gelähmt. Diesen heilte Asklepios, als er im Heiligtum schlief, und befahl ihm, wenn er herauskomme, solle er den größten Stein, den er fände, zum Heiligtum bringen. Da wälzte er den, der jetzt vor dem Heiligtum liegt. – Alketas von Helieis. Dieser war blind und schlief im Heilraum. Als es Tag geworden war, kam er gesund heraus. – Arate von Lakonien hatte Wassersucht. Für diese schlief ihre Mutter, während sie selbst in Lakedämon war, und sah einen Traum. Als sie nach Lakedämon zurückkehrte, traf sie ihre Tochter gesund an; diese hatte denselben Traum gesehen – Aristokritos aus Halieis. Dieser war ins Meer hinausgeschwommen und dabei an einen Ort gelangt, aus dem kein Ausweg mehr war. Darauf schlief sein Vater, da er beim Suchen nirgends auf den Knaben stieß, bei Asklepios im Heilraum. Als er aus dem Heilraum herauskam, fand er den Knaben am siebten Tage darauf. [10]

Die wie durch ein Wunder Genesenen verhielten sich in den vorchristlichen Jahrhunderten also nicht anders als heute, und auch die Mirakel waren von derselben Qualität. Was also geht hier vor? Initiiert irgendein allmächtiger Spielleiter in seiner Welt diese Heilungen? Oder ereignet sich das alles nur durch die Kraft des Willens? Weshalb kann dann aber eine Mutter ihre Tochter heilen, die Hunderte von Kilometern entfernt lebt?

Was sich im antiken Griechenland abspielte, geschah auch 1500 Jahre früher im ägyptischen Memphis. Dort wurde der Gott Ptah verehrt, und beschriftete Steine zeugen von seinen Wundertaten. Auf diesen sind neben Füßen, Beinen oder Händen auch Inschriften mit Danksagungen eingraviert. Neben einer Statue des Ptah wurden insgesamt 376 Ohren in Stein gemeißelt. [11] Da müssen wohl ganze Chöre erst taub und dann wieder gesund geworden sein.

Die hier geschilderten Ereignisse wollen nicht recht zur Vorstellung einer virtuellen Welt passen. Übermächtige Spielleiter, die über Jahrtausende das Geschehen lenken? Oder sind diese »Spielleiter« vielleicht das, was man im religiösen Kontext einen »Schutzengel« nennt? Wird jeder Mensch von einem »guten Geist« begleitet, der ihn behütet und dessen Krankheiten heilen kann, sofern der Mensch intensiv darum bittet? Sind diese »Schutzengel« Wesen mit Persönlichkeit, die auch über Eitelkeit nicht erhaben sind? Weshalb verlangte die »Mutter Gottes« im Falle der Pierina Gilli in Montichiari, sie wünsche »geheimnisvolle Rose« genannt zu werden? Allein im christlichen Bereich sind rund 40 000 Erscheinungen registriert, und immer wieder präsentierten sich die Gestalten in unterschiedlicher Aufmachung und forderten die unterschiedlichsten Arten von Verehrung ein.

Oft auch – so ist es überliefert – ging eine magische Kraft nicht von Geistern oder Erscheinungen, sondern von Gegenständen aus. Der nachfolgende Fall belegt dies:

Am 23. Februar 1239 kämpfte eine kleine Schar christlicher Krieger am Hügel von Codol, 5 Kilometer von Valencia (Spanien) entfernt, gegen eine vielfach überlegene islamische Übermacht. Vor dem Kampf baten sechs Hauptleute den anwesenden Priester um die Erteilung der heiligen Kommunion. Nach katholischem Glauben wären sie so nach ihrem Tod direkt in den Himmel gekommen. Doch gerade als der Geistliche die Hostien geweiht hatte, ertönte der Schlachtruf. Die Kämpfer rannten in ihren Rüstungen ins Freie, denn sie fürchteten, die Muslime würden ihre Kirche verwüsten. In der Eile wickelte der Priester die heiligen Hostien in die Altarleinen und schob das Ganze unter einen Steinhaufen. Die Mauren wurden an diesem Tag zurückgeschlagen. Also wollte der Priester seine Hostien wieder unter dem Steinhaufen hervorholen – doch fand er das Leinen blutgetränkt und die Hostien blutbedeckt vor. Am darauffolgenden Tag rückten die Muslime mit größerer Verstärkung gegen die Christen vor – ihr Ziel war die Zerstörung der Kirche. Die Lage schien hoffnungslos. Da band der Priester das blutgetränkte Altarleinen an eine Lanze, um daraus ein Banner zu machen, und schwenkte es den Feinden entgegen. Plötzlich begannen die roten Flecken auf dem Tuch so gleißend zu strahlen, dass die Angreifer geblendet wurden und flohen. Nichts als ein Märchen? Das blutbefleckte Leinen kann jeder Besucher heute noch in der Kirche von Daroca (Spanien) bestaunen. Es dient dort immer noch als Altartuch und wurde seit über 800 Jahren nicht gewaschen.

In diesem Beispiel ging »die Kraft« nicht vom Menschen, sondern von einem Tuch aus. Ein Stück Stoff hat aber keinen eigenen Willen – es denkt nicht. Woher also kam die Energie des gleißenden Lichts?

Die Dinge, die ich hier anführe, haben alle stattgefunden. Sie sind belegbar. In welcher Welt also leben wir?

Die These einer »virtuellen Welt« ist genauso widersprüchlich wie die Annahme, wir hätten für alles eine logische Erklärung. Hier wird dann nicht selten auf die Psychologie verwiesen – eine Wissenschaft, die für alles Erklärungen anzubieten hat, die sich indes so gut wie nie beweisen lassen.

Die Kirche vertritt die Ansicht, der ewige und allmächtige Gott würde all diese Widersprüche auf uns einprasseln lassen, um uns im Glauben zu prüfen. Auf dass wir Dummerchen herausfinden, ob unser Glaube stark genug ist, um diese Unvereinbarkeiten zu schlucken. Der Glaube an welche Religion, bitte? An die katholische oder eine der anderen 200 christlichen Gemeinschaften? Der Glaube an den heiligen *Koran* oder an die Shintoreligion in Japan? Der Glaube an Zarathustra oder an *Das Buch Mormon*? Da jede Religion, und sei es auch die kleinste Sekte, für sich beansprucht, im Besitz der Wahrheit zu sein, landen wir unweigerlich im Dunstkreis der Dummheit. Denn glauben bedeutet nicht wissen. Man akzeptiert etwas wider den Verstand. Nicht wissen wollen, keine andere Information zulassen wollen, sich nach außen abschirmen – das ist gelebte Dummheit. Denn jeder Form von Intelligenz wohnt die Triebfeder der Neugierde inne. Und die will *wissen* – nicht glauben. Wenn Gläubige annehmen, der »liebe Gott« schaffe die Widersprüche, wolle aber gleichzeitig, dass wir ebendiese Widersprüche nicht aufzuklären versuchen, sondern stur an die propagierte Lehre glauben, dann unterstellen sie diesem »lieben Gott«, er wolle uns dumm halten. Zu welchem Zweck hat der »liebe Gott« bei dieser Geisteshaltung den Menschen dann überhaupt erschaffen? Zu seiner persönlichen Belustigung?

Jedem Nichtchristen muss die Idee einer »Gottesmutter« ohnehin unsinnig erscheinen. Der Glaube, eine weibliche Person habe auf unbefleckte Weise einen Sohn Gottes zur Welt gebracht, eine Zumutung. Nichtchristen können über derartige Vorstellungen nur den Kopf schütteln. Aber wenn es diese »Mutter Gottes« nie gab, wenn sie nur eine Erfindung der Menschen ist, weshalb erscheint sie dann Zehntausenden von ihnen? Und die Erscheinungen selbst, die echte – oder angebliche – Mutter Gottes, präsentierte sich mitunter in arroganter, ja, herrischer und sogar eitler Manier. Keine Spur von Bescheidenheit. Als ob die eine Mutter Gottes nichts von der anderen wüsste – als ob all diese Mütter Gottes nicht ein und dieselbe wären. Gefallsüchtige Spielleiter/-innen einer virtuellen Welt? Von Menschen erfundene Erscheinungen, die dementsprechend widersprüchlich und anmaßend daherkommen? Um das Phänomen einzukreisen, mögen zwei Beispiele dienen:

Nahe der wallonischen Stadt Namur (Belgien) liegt das Dorf Beauraing, heute ein bekannter Marienwallfahrtsort mit mehreren Hotels. Dort ereignete sich am 29. November 1932 das Wunderbare. An diesem Tage gingen fünf Kinder – Andrée Degeimbre (14), Fernande Voisin (15), Gilberte Voisin (13), Gilberte Degeimbre (9) und Albert Voisin (11) – in Richtung des katholischen Mädchenpensionats. Das Haus lag nahe dem

Bahndamm, und in seinem Garten stand eine Kopie der Muttergottesstatue von Lourdes (Frankreich). Albert Voisin wollte gerade an der Tür des Pensionats die Glocke läuten, als sich über dem Bahndamm eine leuchtende Gestalt materialisierte. Sie war schön, und die Kinder starrten verzückt nach oben. Noch 76 Jahre später schilderte die inzwischen 85-jährige Gilberte Degeimbre sehr ruhig und sachlich ihre Erlebnisse: »Die Schönheit der Dame war unbeschreiblich. Ihr Gesicht strahlte eine Herzlichkeit aus, die uns regelrecht verzückte.« [12] Natürlich erzählten die Kinder ihr Erlebnis daheim, und wie üblich wollten die Eltern nichts davon wissen und beschimpften die Kinder als Träumer und Wichtigtuer. Die Mama von Gilberte meinte sogar, irgendwer habe wohl die Muttergottesstatue aus dem Garten heraustransportiert und mit einer Lampe angestrahlt. Also gingen die Kinder anderntags wieder denselben Weg, um zu kontrollieren, ob die Statue noch an ihrem Platz stehe. Das war der Fall, und über dem nahen Bahndamm zeigte sich prompt erneut »die strahlende, wunderschöne Dame«. [12] In den kommenden Wochen ereignete sich das phänomenale Ereignis gleich 33-mal.

Das Dorf Beauraing geriet in Aufruhr. Wie Kletten hingen die Menschen fortan an den Seherkindern. Keiner der Zuschauer sah eine »Mutter Gottes«, doch sie hörten die Dialoge, welche die Kinder mit der Erscheinung führten. Am 3. Januar 1933 offenbarte sich »die Madonna« letztmalig. Dabei verabschiedete sie sich, denn sie sagte »Adieu – Gott befohlen«. Konnte oder wollte sie sich nicht mehr zeigen? Steht eine echte Mutter Gottes unter Raum- oder Zeitzwang? Hatte der »Spielleiter«, der »Schutzengel« oder das innere Verlangen der Kinder »ausgewünscht«? Genug vom Spiel? Das kann nicht sein, denn Gilberte wünschte sich inbrünstig – wie sie in dem am 11. Januar

2009 gegebenen Interview auf YouTube bestätigte [13] –, »die Dame möge sich wieder zeigen«. Interessant ist die Tatsache, dass die Erscheinung den Kindern *gleichzeitig* unterschiedliche Botschaften übermittelte. Zu dem Mädchen Andrée sagte sie: »Ich bin die Mutter Gottes, die Königin des Himmels.« Zu Fernande: »Liebst du meinen Sohn? Liebst du mich? Dann opfere dich für mich!« [14] Und dann geschah etwas, das selbst die umstehenden Zuschauer erschütterte. Die sahen die Dame zwar nicht, aber sie erschraken, weil plötzlich so etwas wie eine Kugel über ihren Köpfen zerplatzte. Alle Umstehenden hörten den Knall.

Welche »Mutter« würde einem kleinen Jungen die unbarmherzige Forderung stellen: »Dann opfere dich für mich!« Keine Mutter der Welt würde so mit einem Kind umgehen! Das sei alles nur symbolisch zu verstehen, sagt die hohe Geistlichkeit. Was für Symbole? Nun, die weiße Rose symbolisiere den Gebetsgeist, die rote den Opfergeist und die gelbe den Bußgeist. Da erhebt sich die Frage: Wenn schon Symbole, weshalb übermittelt die Erscheinung diese dann nicht den erwachsenen Theologen? Wie andernorts wurde auch in Beauraing später eine Kirche gebaut, in der eine Statue »von der lieben Frau, der Mutter mit dem goldenen Herzen« angebetet wird. Und wie üblich ereignen sich auch im belgischen Beauraing Wunderheilungen aller Art.

Unverständlich auch dies: Überall wünschte die »Mutter Gottes«, verehrt zu werden, und bedankte sich gewissermaßen für die Gebete mit Heilungen. Weshalb aber zeigt sie sich stets in entlegenen Dörfern, anstatt vor großen Menschenansammlungen, wie man sie in Großstädten vorfindet? Jahr für Jahr zelebriert der Papst an kirchlichen Festtagen vom Balkon des

Petersdoms in Rom seinen Segen »Urbi et Orbi« (der Stadt und dem Erdkreis). Zehntausende von Gläubigen drängen sich bei diesen Gelegenheiten auf der Piazza San Pietro, und TV-Stationen übertragen den Festakt hinaus in alle Welt. Das wäre doch der rechte Ort für einen effektvollen Aufritt der »Mutter Gottes«.

Es ereignen sich auch Erscheinungen, die eindeutig mit dem Weltall in Verbindung gebracht werden können. Beispielsweise am 15. April 1950 im sizilianischen Ort Acquaviva Platani. Dort war zuerst fünfmal hintereinander eine Frauengestalt am Firmament erschienen, und dann »teilte sich eine Wolke, hinter ihr strahlte ein grell leuchtender Stern. Dann begann die matt glänzende Sonne sich mal nach rechts, dann nach links zu bewegen und näherte sich im Zickzackkurs der Erde. In kurvenreichen Bewegungen stieg sie wieder nach oben.« [15]

Dasselbe war bereits 33 Jahre früher im portugiesischen Ort Fátima geschehen. Am 13. Oktober 1917 regnete es in Strömen. 70 000 Menschen standen auf einem Feld und warteten auf eine angekündigte Erscheinung der »Mutter Gottes«. Plötzlich rissen die Wolken auf, ein Stück des blankgeputzten blauen Himmels zeigte sich, und mittendrin erschien eine Art Sonnenkugel, die nicht blendete und nicht strahlte. Dann begann das Objekt sich in seltsamer Weise zu bewegen. Es hüpfte nach rechts, dann nach links und verwandelte sich zuletzt in ein gigantisches Feuerrad. Dabei änderte es seine Farben und tauchte die ganze Gegend mitsamt den verblüfften Menschenmassen in wahre Farbkaskaden. Schließlich blieb das Feuerrad einige Minuten stehen – dann begann das Spektakel erneut. Insgesamt dauerte das sogenannte »Sonnenwunder von Fátima« 12 Minuten und war in einem Umkreis von

40 Kilometern zu beobachten. Die katholische Kirche zauberte aus dem Ereignis ein Marienwunder – was es nie war. Doch das ist eine andere Geschichte, über die ich in früheren Büchern berichtete. [15]

In mehreren dokumentierten Fällen bezeugen die Menschen, ihre Erscheinung sozusagen »aus heiterem Himmel« gehabt zu haben. Zuerst habe man eine neblige, undefinierbare grauweiße Masse erblickt, aus der sich dann die Erscheinung formte. Der Junge Albert aus Beauraing sah am 29. November 1932 etwas »wie ein weißes Tuch [12], das dann zur Madonna wurde«. Matousch Laschut, ein tschechischer Seher aus Turzovka, erblickte die Heilige Jungfrau in einem leichten weißlichen Nebel. Auch die Kinder im deutschen Heroldsbach, welche am 9. Oktober 1949 Erscheinungen erlebten, sahen zuerst einen weißen Schein, der dann die Form einer Person annahm. Selbst im französischen Lourdes, dem bekanntesten Erscheinungsort, kündigten sich die »Visionen« mit Blitzen und elektrischen Entladungen an. In den Verhörprotokollen sagte die kleine Bernadette Soubirous aus, dass es sich jedes Mal so angehört habe, als ob in der Ferne »eine Feuerwerksrakete platze«. Am Anfang habe sie nur etwas Unbestimmtes gesehen, »etwas wie ein wehendes Tuch oder einen Mehlsack. [16] Außerdem habe sie einen gedämpften Lärm wie von einen Windstoß« vernommen. Und in Fátima (Portugal) erblickten einige Tausend Menschen deutlich eine Kugel aus Licht, die sich langsam auflöste. [17]

Ganz offensichtlich sind Erscheinungen nicht plötzlich, im Bruchteil von Sekunden, da. Sie müssen sich zuerst »zum Bild« ordnen. Es scheint ein elektromagnetischer Vorgang zu sein. Stark ionisierte Luft wird verdrängt; dabei entsteht ein

Geräusch »wie von einem dumpfen Wind«. Beim Zusammenbruch der Erscheinung stürzt die Luft ins frei gewordene Vakuum, und die Zuschauer hören einen Knall. All dies lässt auf die üblichen physikalischen Gesetzmäßigkeiten schließen. Ich frage mich nur, ob eine echte »Mutter Gottes« unseren physikalischen Gesetzen unterliegt?

Im 4. Kapitel seines Buches *Geheimnisse der Matrix* [18] belegt der Journalist Luc Bürgin, dass viele Menschen einfach spurlos verschwanden, sich sogar vor ihren Mitmenschen quasi in Luft auflösten. Er stellt sich die Frage, ob unsere Realität nur eine Scheinwirklichkeit ist und wir die Figuren in einer Matrix sind, in der nichts so ist, wie es scheint.

Wie können sich Flugzeuge mit Hunderten von Passagieren unerwartet »in Luft auflösen«? So geschehen mit dem Malaysia-Airlines-Flug 370 (Flugnummer MH370) am 8. März 2014. Plötzlich verschwand die Maschine vom Radar. Bald wurde ein Terrorakt vermutet, denn an Bord hatten sich auch zwei junge Muslime mit gestohlenen Pässen befunden. Aber weshalb hatte der Pilot nichts gemeldet und auch kein Notsignal abgesetzt? Monatelang wurde nach der vermissten Maschine gesucht. Pressekonferenzen wurden abgehalten und die Aussagen der Fachleute wenige Tage später wieder zurückgenommen. Weshalb hatte die Maschine den Kurs gewechselt? War sie im südlichen indischen Ozean abgestürzt? Wäre ein Feuer oder ein mechanischer Defekt die Ursache für den Kurswechsel gewesen, so hätte der Pilot dies mit Sicherheit gemeldet. Sogar ein Selbstmord eines der Piloten wurde in Betracht gezogen und rasch widerlegt. An der Suche nach dem Flug MH370 beteiligten sich insgesamt 26 Nationen. Oft glaubte man, ein Trümmerstück entdeckt zu haben, doch jedes Mal entpuppte sich die Meldung als Irrtum. Bis heute – 7 Jahre nach dem Start der Maschine – bleibt das Verschwinden von MH370 noch immer ungeklärt.

Noch kurioser ist die Geschichte des Pan-Am-Fluges 914 vom 2. Juli 1955. Die Maschine, eine Douglas DC-4, befand sich auf dem Flug von New York nach Miami, Florida, als sie von den Radarschirmen verschwand. An Bord 57 Passagiere und vier Besatzungsmitglieder. Kein Notsignal wurde gesendet, niemand an Bord meldete irgendwelche Unregelmäßigkeiten. Die US-Küstenwache suchte wochenlang erfolglos nach Wrackteilen. 37 Jahre später tauchte auf dem Radarschirm von Caracas in Venezuela plötzlich – wie aus dem Nichts – ein Flugzeug auf. Der Fluglotse erteilte der nicht angemeldeten Maschine die Landeerlaubnis. Als der Pilot das aktuelle Datum – es war der 9. September 1992 – erfuhr, habe er entsetzt »Nein!« geschrien. Dann habe er die Maschine auf der Landepiste von Caracas gewendet und sei durchgestartet. Wieder verschwand das Flugzeug. Das Ereignis, über welches verschiedene Varianten kursieren, bleibt bis heute ungeklärt.

In ihrem Buch *Portale* [19] berichten Werner Betz und Sonja Ampssler über eine ganze Reihe unmöglicher Begebenheiten. Allesamt beweisbar – und allesamt gegen die Gesetze unserer Physik. Da verschwinden auf einer Fotografie plötzlich ganze Straßenzüge mitsamt ihren Häusern, die in der Realität eben noch da gewesen waren. Auf dem Hausberg von Salzburg – dem Untersberg – tauchen in einer Höhle freundliche Zwerge auf und unterhalten sich mit einem Bauern aus der Gegend. Doch als der danach wieder auf seinem Hof zurückkehrt, sind über 30 Jahre vergangen. Knechte und Mägde versichern dem verblüfften Hausherrn, er sei vor 3 Jahrzehnten für tot erklärt worden. Am selben Untersberg soll es auch »Tore in eine andere Welt« geben. Menschen verschwinden auf unerklärliche Weise. Der auf paranormale Phänomene spezialisierte Autor Thorsten Läsker vermutet dahinter »Paralleluniversen auf einer anderen Schwingungsebene [...]«, wobei es »hin und wieder zu Überlappungen komme, und plötzlich wird das Fremdartige sichtbar und kann mitunter sogar betreten werden«. [20]

Angesichts solcher und ähnlicher Vorfälle fragt man sich, ob gelegentlich eine Pranke aus einer anderen Dimension in unsere Welt hineingreift? Können die Gesetze, auf denen unsere gesamte Physik beruht, von einer anderen Dimension aus stillgelegt, ungültig gemacht werden? Wenn auch nur für einige Augenblicke, die aber immerhin ausreichen, Menschen und Material verschwinden zu lassen? Wir haben keine Antworten darauf. Und sollte irgendein »Gott«, der Spielleiter aus einer anderen Dimension, dahinter stecken – wozu? Angesichts der Endlosigkeit einer unvorstellbaren Ewigkeit wirken derartige »Gottesspielchen« nachgerade kindisch.

Matrix, Erscheinungen, Religionen – egal was. In jedem Fall sind dies Themen, die Menschen zur Verzweiflung brachten. Klügere als ich haben sich über das Phänomen »Gott« den Kopf zerbrochen, unterzogen die eigene Religion ihren jeweiligen Analysen und sind daran verzweifelt.

Etwa die Professoren Hans Küng (1928–2021) oder Eugen Drewermann. Letzterer wirkte als katholischer Priester und trat am 20. Juni 2005, ausgerechnet an seinem 65. Geburtstag, aus der Kirche aus. Drewermann konnte mit der christlichen Vorstellung, nach welcher ein allgütiger, allmächtiger und allwissender Gott die Welt gemacht habe, um die Menschen zu erschaffen, nicht mehr leben. Wie konnte ein »allgütiger« Gott die Gräueltaten auf der Erde zulassen, wenn er doch »allmächtig« und damit imstande war, sie zu verhindern? Nachdem Drewermann die Jungfrauengeburt von Maria (als Mutter Jesu) öffentlich angezweifelt hatte, wurde ihm am 8. Oktober 1991 die katholische Lehrerlaubnis entzogen. Kurz darauf folgte ein »Verbot der Predigt« und im März 1992 schließlich die Suspendierung vom Kirchenamt. Der Klerus duldet keine Abweichler, keine eigenständigen Denker. Drewermann bestritt nicht nur die Jungfrauengeburt, sondern auch die Auferstehung oder die Himmelfahrt Jesu. [21] Ja, er meinte sogar, das Christentum sei unfähig zum Frieden. Richtig, nur trifft dies leider auch auf alle anderen rechthaberischen Religionen zu.

Ähnlich erging es dem brillanten Schweizer Theologen und katholischen Priester Hans Küng. Der amtierte 17 Jahre lang (1963–1980) als Professor für Dogmatik und Ökumenische Theologie an der Universität Tübingen. Zugleich war er Direktor des Instituts für Ökumenische Forschung. Besonders pikant war dabei die Tatsache, dass Joseph Ratzinger – der spätere Papst Benedikt der XVI. – ausgerechnet auf Anregung von Hans Küng den Lehrstuhl für katholische Dogmatik in Tübingen zugesprochen bekam. Doch dann vertauschten sich die Rollen. 1970 veröffentlichte Küng sein Buch *Unfehlbar? Eine Anfrage*. [22] Darin bezweifelt er die Unfehlbarkeit des Papstes in kirchlichen Angelegenheiten. Eine Zumutung für katholische Kreise. Noch kritischer argumentiert Küng in seinem 1974 erschienenen Werk *Christ sein*. [23] Darin bezweifelt er die Lehre von der Dreifaltigkeit (Gott als Vater, Sohn und Heiliger Geist) genauso wie die kirchlichen Sakramente und die Stellung Marias in der katholischen Kirche. Das reichte. Am 15. Dezember 1979 entzog die Deutsche Bischofskonferenz Professor

Küng seine kirchliche Lehrbefugnis. 2005 wurde Joseph Ratzinger Papst. Unvermeidlich musste es zwischen den ehemaligen Freunden Küng und Ratzinger zum Bruch kommen. Jahre später besuchte der Schweizer Theologe seinen Ex-Freund, nun Papst Benedikt XVI., in Rom. Ich kann mir sehr wohl vorstellen, über welche Widersprüche die beiden diskutierten.

Doch selbst bei Tausenden von Irrtümern bleibt die Urfrage nach Gott. Gelehrte wie der Physiker Michio Kaku (und andere) versuchten, Gott mathematisch festzunageln. Sie begaben sich auf die Suche nach der einen Formel für alle physikalischen Gesetze, die im uns bekannten Universum herrschen und die einer Entschlüsselung Gottes gleichkäme. Ist Gott also so etwas wie eine Formel? [24, 25] Eine sinnlose Frage. Denn selbst »die Formel« müsste von irgendwem (oder irgendwas) errechnet worden sein. Doch etwas wie Gott ist weder messnoch berechenbar.

Der Philosoph Armin Risi, ein hervorragender Kenner der altindischen Schriften und Autor mehrerer Sachbücher, schreibt, die vedische Genesis erkläre »dass das Universum vor einem ewigen spirituellen Hintergrund existiert und eine vergängliche materielle Form darstellt«. [26] »Gott ›sieht‹ die Materie, ist selbst aber keine materielle Form.« In den vedischen Schriften ist das Universum »da«. Ewig. Aber irgendein Wesen hat es ursprünglich erdacht. Und prompt landet man wieder am Anfang. Wer? – Und was erschuf dieses Wesen? Wir sind gefangen in einem Hamsterrad und trampeln immer nur auf der Stelle.

Bleibt noch die Akasha-Chronik. Obschon es darüber Bücher gibt, ist die Akasha-Chronik kein Buch. Mit Akasha-Chronik bezeichnet man das universelle Bewusstsein. Sie ist das geistige Weltgedächtnis, die ewige Bibliothek, das kollektive Bewusstsein. Die Akasha-Chronik umfasst alles, was im Universum je gedacht und erlebt worden ist und noch wird. Wir alle sind Bestandteil davon, und es gibt Menschen, die sagen, sie könnten die Akasha-Chronik anzapfen. Doch auch die Akasha-Chronik müsste sich irgendwann und irgendwie aufgebaut haben. Anzapfen lässt sich nur, was bereits existiert. Doch woher kam die Akasha-Chronik?

Die Frage nach Gott ist gleichzeitig die Frage nach dem Universum. Weder die Wissenschaft noch die Religion kennen seinen Ursprung. Theorien gibt's zur Genüge – ich wies zu Beginn dieses Kapitels darauf hin –, aber endgültige, physikalisch unanfechtbare Antworten sucht man vergeblich. Die selbstherrliche Ansicht, Gott sei nur eine Erfindung von uns Menschen, setzt ja voraus, dass es *uns* bereits gibt. Sie klammert die Frage – *wieso gibt es uns* – aus. Tatsache ist, dass das Universum und wir Menschen existieren. (Eine virtuelle Welt ändert nichts daran, denn auch sie müsste irgendwann, irgendwie entstanden sein.) Wie also entstand dieses Universum? Ich weiß es so wenig, wie die Millionen von Menschen, die sich mit derselben Frage befassten. Die Religionen setzten »Gott« an den Beginn des Universums – und können wiederum nicht erklären, was das sein soll. Wer oder was hat Gott erschaffen?

Persönlich nenne ich »ihn« ehrfurchtsvoll und *unwissend* »den grandiosen Geist der Schöpfung«. Zu diesem grandiosen Geist der Schöpfung bete ich. Tagtäglich. Dieses Bekenntnis tippe ich als 87-Jähriger in meinen Computer. Topfit im Kopf. In mir die absolute Gewissheit, dass ich meine geistige Verfassung den Gebeten an »den grandiosen Geist der Schöpfung« verdanke. Selbstverständlich befasst sich ein älterer Herr wie ich auch mit den »Erinnerungen an die Zukunft« – den Gedanken an den Tod. Es wird ein sanfter Übergang in »den grandiosen Geist der Schöpfung« sein.

Die Sache mit der Bibel

Der christliche Glaube ist eine wahre Zumutung. Da wird verlangt zu glauben, ein unendliches Wesen – Gott – habe die Urmenschen Adam und Eva geschaffen. Die beiden leben »im Paradies«, sind glücklich und dürfen tun und lassen, wonach ihnen der Sinn steht. Wäre da nicht dieses eine Verbot. Sie sollen keinen Apfel vom »Baum der Erkenntnis« essen. Belanglos, ob das Wort »Apfel« nur als Symbol für irgendetwas anderes herhalten musste – Adam und Eva durften *ein ganz bestimmtes* Gebot nicht brechen. Doch prompt tun sie es. Jetzt ist »der liebe Gott« bitter enttäuscht und jagt die beiden aus dem Garten Eden.

Aber müsste Gott – der grandiose Geist der Schöpfung – nicht außerhalb der Zeit stehen? In diesem Fall hätte er *wissen* müssen, dass die Stammeltern das Gebot brechen würden. Weshalb dann der Zorn, die Enttäuschung? Die gläubigen Christen argumentieren, Gott habe Adam und Eva einen freien Willen gegeben. Das ändert aber nichts am »Allwissen« jenes

»Geistes«, den wir Gott nennen. Die Nachfahren von Adam und Eva sollen sich fortan ein Leben lang »mit Mühsal von der Erde ernähren«. (1. Mose 3, 17 ff) Der Erdboden sei verflucht, und der Mensch müsse sein Brot »im Schweiße seines Angesichts essen«, bis er zum Erdboden zurückkehrt – so die *Bibel*. Gott beschloss außerdem, die Menschen sollten nicht älter »als 120 Jahre« werden. (1. Mose 6, 3)

Aber es kam noch doller:

> *Als aber der Herr sah, dass der Menschen Bosheit groß war auf Erden und dass alles Trachten ihres Herzens nur böse war, da reute es den Herrn, dass er den Menschen geschaffen hatte, und es bekümmerte ihn tief. Und der Herr sprach, ich will die Menschen, die ich geschaffen habe, vom Erdboden vertilgen, die Menschen sowohl als auch das Vieh, auch die kriechenden Tiere und die Vögel des Himmels; denn es reut mich, dass ich sie gemacht habe.* (1. Mose 6, 5 ff) [27]

Ein Gott, der seine eigenen Handlungen bereut, kann schwerlich »der grandiose Geist der Schöpfung« sein. Gott – so die christliche Lehre – habe die Nachkommen von Adam und Eva mit einer Erbsünde belegt. Danach beschließt er, alles Leben zu vernichten. Er schickt eine Sintflut, und außer Noah und seiner Familie sowie der Tiere in der Arche geht alles Fleischliche zugrunde. Man sollte meinen, damit wäre der Zorn Gottes befriedigt und es kehre nun wieder Friede zwischen ihm und den Menschen ein. Weit gefehlt. Wütend vernichtet er die sündigen Städte Sodom und Gomorrha (1. Mose 19, 1 ff), lässt durch seine Engel »185 000 Assyrer« umbringen. »Und am andern Morgen, da waren sie alle tot, lauter Leichen.« (2. Könige 19, 35) Und so geht es weiter von einem Buch der *Bibel* zum nächsten. Kostproben gefällig? »Den Seuchentod sollen sie sterben.« (Jeremia 16, 4) »Wer von Ahab in der Stadt stirbt, den sollen die Hunde fressen.« (1. Könige 21, 24) »Wenn ihr euch abwendet und meine Satzungen und Gesetze verlasst, […] so werde ich euch ausrotten […]. (2. Chronik 7, 18) »Ich aber werde euch alle züchtigen […], über sie werde ich meinen Grimm ausschütten wie Wasser […]«. (Jesaja 65, 13) Und im 5. Buch Mose (Deuteronomium), Kapitel 28, droht »der Herr« den Menschen ein ganzes Bündel von Verwüstungen an und gesteht sogar »seine Lust, euch zu vernichten und zu vertilgen«.

Wer immer überlebt, ist trotzdem mit einer Schuld beladen: der Erbsünde. Sie existiert weiter, auch in den Nachfahren Noahs. Dann kommt der wohl unmöglichste Gedanke der christlichen Religion: Gott gibt seinen einzigen geliebten Sohn her, um eben diese Erbsünde zu tilgen. Man stelle sich den Vorgang mal in einem Familienclan vor. Ein Patriarch ist wütend auf seine eigenen Leute. Also schickt er seinen Sohn, um den Streit zu schlichten. Doch was macht die Familie? Sie will den Schlichter nicht verstehen und zerrt ihn vor Gericht; er wird verhört, gefoltert und schließlich qualvoll am Kreuz ermordet. Doch anstatt angesichts dieser Schandtat noch wütender zu werden, ist der Patriarch versöhnt – und die einstige Schuld vergeben.

Der Philosoph Friedrich Nietzsche (1844–1900), ausgerechnet ein Pfarrerssohn mit einer hervorragenden Studienbildung, nannte die christliche Lehre ein »grauenhaftes Heidentum. Das Blut des Unschuldigen für die Sünden der Schuldigen.« In seinem Werk *Der Antichrist* schreibt Nietzsche über das Christentum:

> Ich heiße das Christentum den einen großen Fluch, die eine große innerlichste Verdorbenheit, den einen großen Instinkt der Rache, dem kein Mittel giftig, heimlich, unterirdisch, klein genug ist – ich heiße es den einen unsterblichen Schandfleck der Menschheit. [28]

Hatte Nietzsche recht? Wie entstand, wie wuchs eigentlich das Christentum? Immerhin ist es mit inzwischen 2,5 Milliarden Gläubigen die größte religiöse Gemeinschaft weltweit. Unzählige Gläubige gaben ihr Leben für Jesus hin, andere wurden in seinem Namen gefoltert. Alles für ein verkehrtes Gedankenbild – wie Nietzsche meint?

Die Basis, auf welche sich alle Christen berufen, ist die *Bibel*. Der Gläubige ist überzeugt, die *Bibel* sei das »Wort Gottes«. Er glaubt, Gott höchstpersönlich habe das »Buch der Bücher« diktiert. Und was das Neue Testament – die Geschichte um Jesus – betrifft, nimmt der Christ an, Weggefährten von Jesus hätten dessen Reden, Lebensregeln und Prophezeiungen aufgeschrieben und schließlich in einer Chronik zusammengestellt.

Karl Rahner, Professor für katholische Theologie und Lehrvater für ganze Heerscharen von jungen Theologen, versichert, die Geschichte des Alten Testaments sei »von dem Gott ausgegangen, der sich in Jesus Christus geoffenbart habe«. Die Schrift des Alten und des Neuen Testaments habe mithin denselben Urheber. Dasselbe bestätigt sein Kollege, der Theologieprofessor Jacques Guillet. Die *Bibel* enthalte »ausnahmslos Vollzugsberichte eines Wortes Gottes« und »dieses Schema ist allgemeingültig.« [29] In einer Erklärung der katholischen Kirche über das Verhältnis zu nichtchristlichen

Religionen sowie in einem feierlichen »Credo« (»Ich glaube«) von Papst Paul VI. vom 30. Juni 1968 wird ausdrücklich festgehalten:

- Die katholische Kirche alleine verkünde die unfehlbare Wahrheit.
- Die katholische Kirche sei heilsnotwendig.
- Der katholischen Kirche sei der volle Schatz der himmlischen Güter anvertraut.
- Allein die katholische Kirche sei die wahre Erbin der göttlichen Verheißung.
- Die katholische Kirche allein sei im Besitze des Geistes Christi.
- Allein der katholischen Kirche sei das unfehlbare Lehramt anvertraut.
- Die katholische Kirche allein sei im Besitze der vollen und ganzen Wahrheit.

Und was die *Bibel*, das »Buch der Bücher«, betrifft, wurde festgehalten, dass ...:

- die *Bibel Gott zum Urheber* habe.
- die *Bibel in allen Teilen* heilig sei.
- die *Bibel in allen Teilen* unter der Einwirkung des Heiligen Geistes verfasst worden sei.
- *alles*, was die Bibelverfasser aussagen, als vom Heiligen Geist geschrieben zu gelten habe.
- die *Bibel* sicher, *getreu und ohne Irrtum* lehre.

Nach diesen Grundsätzen ist es dem Gläubigen eigentlich unmöglich, auch nur ein Wort des »Buches der Bücher« anzuzweifeln. Der Zweifel allein ist schon Sünde. Die Gelehrten der *Bibel* – allesamt tiefgläubige Menschen – berufen sich bei ihren Aussagen auf die sogenannten Urtexte.

Was für Urtexte? So etwas wie Urtexte gibt es überhaupt nicht. Was die Geschichten um Jesus betrifft, war kein einziger der Evangelisten ein Zeitgenosse des Wanderpredigers. Erst nach der Zerstörung Jerusalems durch dem römischen Kaiser Titus (39–81 n. Chr.) begann man, Schriften über diesen »Nazarener« zu sammeln. Nun wird die Kreuzigung von Jesus für das Jahr 33 n. Chr. angesetzt – allerdings verfasste Markus, der erste Autor des Neuen Testamentes sein Evangelium erst 40 Jahre nach dem Tod von Jesus. 40 Jahre!

Dazu vermerkte der Theologe Johannes Lehmann, Mitübersetzer der *Bibel*:

> *Die Evangelisten sind Interpreten, keine Biographen. Sie haben nicht Geschichte geschrieben, sondern Geschichte gemacht.* [30]

Was also sind diese Urtexte? Alles ausnahmslos Abschriften, die zwischen dem 4. und 10. Jahrhundert n. Chr. entstanden sind. Und diese rund 1500 Abschriften sind ihrerseits Abschriften von Abschriften, wobei nicht eine einzige mit einer anderen übereinstimmt. Nicht weniger als 80 000 (!) Abweichungen wurden nachgewiesen. Genauer gesagt existiert nicht eine einzige Seite dieser Urtexte, welche mit einer anderen übereinstimmt. Von Abschrift zu Abschrift wurden die Ausgangstexte anders interpretiert und je nach den gerade herrschenden Verhältnissen umfunktioniert. Aus diesem Grund wimmelt es in ihnen nur so von Fehlern.

Der prominenteste Urtext, der Codex Sinaiticus aus dem 4. Jahrhundert n. Chr. – 1844 im Katharinenkloster (Sinai) gefunden –, enthält 16 000 Veränderungen, die auf verschiedene Autoren zurückgehen. Manche Stellen wurden gleich mehrfach abgewandelt und durch einen neuen Urtext ersetzt. Professor Friedrich Delitzsch, Bibelexperte ersten Ranges und Verfasser eines hebräischen Wörterbuches, wies über 3000 Übertragungsfehler im Urtext nach. [31]

Und der Zürcher Bibelspezialist Robert Kehl hält ernüchternd fest:

> Es ist oft vorgekommen, dass die gleiche Stelle von dem einen Korrektor im einen und vom nächsten Korrektor wieder im entgegengesetzten Sinne ›korrigiert‹ und ›zurückkorrigiert‹ worden ist, je nachdem, welche dogmatische Auffassung in der betreffenden Schule vertreten worden ist. Jedenfalls entstand durch die verschiedensten ›Korrekturen‹ ein völliges Textchaos und ein riesiger Wirrwarr. [32]

Jean Schorrer, langjähriger Theologe an der Kathedrale Saint-Pierre in Genf, kommentierte zu dem Durcheinander:

> Die These von der totalen Inspiration der Bibel durch den Heiligen Geist und die Auffassung, Gott sei ihr Verfasser, ist absolut unhaltbar. Die Auffassung verstößt gegen die elementarsten Erkenntnisse des gesunden Menschenverstandes und erfährt durch die Bibel selbst eindeutige Dementis. [33]

Mit dem Begriff Urtext verbindet man so etwas wie eine Urkunde, eine Art zweifelsfreie Erstschrift. In jedem Falle ein unbestrittenes Dokument. Und diese angeblichen Urtexte, die vor Widersprüchen und Fälschungen nur so strotzen, werden als das »Wort Gottes« bezeichnet? Unglaublich! Wie konnte ein derart lücken- und fehlerhaftes Gedankengebäude zur mächtigsten Religion der Welt werden?

Alles begann mit den Konzilien, den Versammlungen von kirchlichen Oberhirten. Eine Voraussetzung dafür, dass ein Amtsträger an ein Konzil berufen wurde, war sein »Charisma«. Ins Moderne übersetzt: seine Begeisterung für die Sache. Jetzt sollte man im Hinterkopf behalten, dass die Lehre von Jesus auch die Gleichheit der Menschen vor Gott verkündigt. Dies zu einer Zeit, als die Sklaverei die selbstverständlichste Sache der Welt war. Auch die Kinder von Sklaven waren Sklaven. Und da kommt einer und behauptet: Vor Gott sind alle Menschen gleich. Eine Ungeheuerlichkeit und zudem politischer Sprengstoff, denn das ginge mit einem Machtverlust der Herrschenden einher. Deshalb die Christenverfolgungen im römischen Reich, das damals noch den gesamten Mittelmeerraum umfasste.

In jener Zeit der Unruhe berief der römische Kaiser Konstantin I. (288–337) im Jahr 325 das Erste Konzil von Nicäa ein. Konstantin selbst hatte von der Lehre Jesu keinen blassen Schimmer. Er hing dem Sonnenkult des Mithra (ein altiranischer Lichtgott) an und wurde erst auf dem Sterbebett getauft. Kaiser Konstantin ging es allein um die Macht und die Sicherung seiner Herrschaft. Zu viele Menschen hingen inzwischen dieser Religion an. Verständlich, denn alle Unterprivilegierten nahmen die neue Lehre begeistert an. (Oder modern ausgedrückt: »Endlich sind ›wir da unten‹ gleich viel wert wie ›ihr dort oben‹.«) Konstantin persönlich suchte die Bischöfe für das Konzil aus. Es ging ihm nie um ein religiöses Anliegen. So präsidierte er das Konzil, und die Bischöfe akzeptierten auch den ungetauften Nichtchristen Konstantin als »universalen Bischof«. Sein Wille war Gesetz.

Doch was beschloss dieses erste Konzil? Gott und Jesus wurden wesensgleich. Vor Konstantin war Jesus nicht gleich Gott gewesen; Jesus war ein Mensch und Gott etwas viel Höheres. Und der Nichtchrist Konstantin erwies der Kirche noch einen weiteren Dienst. Zu seinen Zeiten kannte niemand das Grab von Jesus. Doch im Jahre 326 »entdeckte« der Kaiser – Simsalabim – die Gruft des kürzlich gottgleich gewordenen Jesus. 4 Jahre später ließ Konstantin an derselben Stelle, wo seiner Eingebung nach das Grab Jesu sein sollte, eine Kirche erbauen – die Grabeskirche zu Jerusalem. Im gleichen Jahr ließ er aber auch seinen aufmüpfigen Sohn Crispus ermorden und seine Gattin Fausta in siedendes Wasser tauchen. Nicht gerade christlich. Das Konzil unter Konstantin verkündigte, seine Beschlüsse seien das Urteil Gottes. Derselbe Konstantin wurde übrigens von der armenischen, der griechischen und der russischen Kirche zum Heiligen erhoben. Dieses Erste Konzil von Nicäa gilt als Startschuss für die christliche Weltreligion.

Das nächste Konzil (auch als Erstes Konzil von Konstantinopel bekannt) wurde von Kaiser Theodosius I. (347–395 n. Chr.) im Jahre 381 einberufen. Theodosius I. war ein römischer Imperator mit denselben moralischen Qualitäten wie sein Kollege Konstantin. Er galt als Armeleuteschinder, der dem niedrigen Volke unerträgliche Lasten auferlegte und vor keiner Folter zurückschreckte. Die gebeutelten Menschen durften von niemandem aufgenommen werden – wer dennoch Unterschlupf gewährte, wurde seinerseits verfolgt. Im Jahre 390 ließ er im Zirkus der Stadt Thessaloniki 7000 Bürger in einem

Blutbad umbringen. Ausgerechnet dieser Despot erhob die christliche Kirche zur Staatsreligion – weshalb ihm die Kirche den Beinamen »der Große« verlieh.

Doch was wurde in Konstantinopel beschlossen? Die Dreieinigkeitslehre von Vater, Sohn und Heiligem Geist. Dieses Credo wird zum *Nicäno-Konstantinopolitanum,* dem Großen Glaubensbekenntnis erhoben. Ab Konstantinopel gilt in der Kirche die Wesens*gleichheit* von Vater, Sohn und Heiligem Geist. Diese Lehre ist bis heute fester Bestandteil der katholischen Kirche.

Das dritte Konzil wurde 431 n. Chr. in Ephesus abgehalten und von den römischen Kaisern Theodosius II. (408–450 n. Chr.) und Valentianus III. (419–455 n. Chr.) einberufen. Beide Herren waren Bonvivants und fühlten sich nicht im Geringsten zu geistlichen Angelegenheiten hingezogen. Die Abhaltung des Konzils diente nur dazu, kirchliche Unruhen unter dem Deckel zu halten und über Anpassungen an den Zeitgeist zu diskutieren. Kaiser Theodosius II. stand unter dem Einfluss seiner älteren, machtbesessenen und intriganten Schwester Pulcheria (399–453 n. Chr.). Bei jeder Gelegenheit rühmte sie sich ihrer Jungfräulichkeit – worüber schon ihre Zeitgenossen lächelten. Nach dem Tod ihres Bruders ließ sie den tüchtigen und erfolgreichen Rivalen Chrysophus ermorden. Und was war mit seinem Kollegen Valentianus III.? Der stand unter der Vormundschaft seiner Mutter Falla Placidia und wurde ebenfalls ermordet. Das Konzil von Ephesus erhob Maria zur »Mutter Gottes«. Durch die Aufnahme dieses Beschlusses in den Codex Theodosianus wurde Maria als »Gottesgebärerin« zum Gesetz. Dies gilt in der katholischen Kirche bis heute.

Das nächste Konzil – das vierte – wurde zwar vom byzantinischen Kaiser Marcianus (390–457 n. Chr.) im Jahr 451 in Chalcedon einberufen, doch in Wirklichkeit leitete es dieselbe »jungfräuliche« Intrigantin Pulcheria, die bereits dem Konzil von Ephesus ihren Stempel aufgedrückt hatte. Wie das? Nach dem Tod ihres Bruders Theodosius II. hatte sie Marcianus – den byzantinischen Kaiser! – geheiratet. Auf dem Konzil von Chalcedon wurde der Lehrsatz verkündet, in der Person von Jesus sei »die göttliche und die menschliche Natur unvermischt und unzertrennlich vereinigt«. Dieses »Glaubensbekenntnis von Chalcedon« gilt bis heute. Zudem wurde auf diesem Konzil auch noch die Wahrung der Lehre durch ein jederzeit mögliches Eingreifen dem Papst übertragen. Eines kam zum anderen ...

Im Jahr 553 folgte das Zweite Konzil von Konstantinopel, das fünfte also. Einberufen vom römischen Kaiser Justinian I. (um 482–565 n. Chr.). Dieser Despot folgte den Launen seiner Gattin und Mitregentin Theodora (um 500–548 n. Chr.). Diese war die Tochter eines Zirkuswächters und hatte sich 532 beim Nika-Aufstand – einer Rebellion von Zirkusleuten – für den Kaiser eingesetzt. Als kaiserliche Gemahlin half sie entscheidend dabei mit, das sogenannte Heidentum – die Nichtchristen – zu verfolgen. Auf jenem fünften Konzil hatten die Bischöfe wenig zu sagen. So nennt man es denn auch »das Akklamationskonzil«. Bereits vor der Versammlung existierten unzählige Dekrete und Gesetze des Kaisers, die seine Machtfülle zementierten. Kaiser Justinian befahl den damaligen Papst Vigilius (500–555 n. Chr.) nach Konstantinopel – und der gehorchte unterwürfig. In unglaublicher Einmütigkeit unterwarfen sich die Bischöfe den machtpolitischen Interessen des Kaisers und seiner Mitherrscherin Theodora. Beschlossen wurden gnadenlose Ketzergesetze. Jeder, der die Echtheit der christlichen Religion anzweifelte, galt als Abweichler. Ihnen allen drohte die Todesstrafe. Andersgläubige wurden in Scharen zusammengetrieben und getauft. Wer sich weigerte, wurde hingerichtet. Prokopios, ein byzantinischer Chronist, beschrieb den Kaiser als stolz, scheinheilig, ungerecht, tückisch, grausam und blutdürstig. Von der Kirche wurde er trotzdem zum Heiligen ernannt.

Was aber wurde auf dem Zweiten Konzil von Konstantinopel beschlossen? Künftig hatte allein die Kirche zu entscheiden, was rechtgläubig sei. Die kirchlichen Vertreter galten als »vom Heiligen Geist inspiriert«.

Nun wimmelt es in der Literatur von Büchern über die Konzilien. Allesamt verfasst von hochintelligenten und integeren Theologen. Doch jeder der Autoren ist oder war ein tiefgläubiger Mensch. Am christlichen Grundgedanken – der Erlösungsidee des Gottessohnes – gab es nichts anzuzweifeln.

Ich kann nur feststellen, dass die Beschlüsse eines jeden Konzils nichts »Göttliches« enthielten, sondern vielmehr menschengerecht verpackte Dekrete sind.

Das erste Konzil beschließt die Wesensgleichheit von Gott und Jesus.

Das zweite die Wesensgleichheit von Vater, Sohn und Heiligem Geist.

Das dritte erhebt Maria zur Mutter Gottes.

Das vierte verkündet, in der Person von Jesus sei »die göttliche und die menschliche Natur unvermischt und unzertrennlich vereinigt«.

Das fünfte legt fest, was »rechtgläubig« ist und dass die kirchlichen Vertreter »vom Heiligen Geist inspiriert« seien.

Ausnahmslos weltliche Vereinbarungen, getroffen von Menschen. Zu keinem Zeitpunkt erschien den Akteuren so etwas wie ein »grandioser Geist der Schöpfung«. Auch tat sich nicht der Himmel auf und ein wie immer gearteter »Geist« demonstrierte seine Macht, befahl und untermauerte seine Einzigartigkeit. Und selbst wenn die Teilnehmer der Konzilien verkündeten, vom Heiligen Geist inspiriert worden zu sein, so geschah dies allein in ihrer Einbildung. *Sie* waren es, die der Christenheit befahlen, was diese fortan zu glauben habe und was göttlich sei. Menschliches Verhalten und menschliche Selbstherrlichkeit der Versammlungsteilnehmer – weiter nichts. Ich halte fest: Die auf den Konzilien von einem Heer von Kirchenfürsten verkündeten Lehren sind Menschenwerk.

Und was ist mit Jesus? Gottessohn? Sühneopfer?

Über die Geburt und den Geburtsort von Jesus berichtet das Neue Testament Widersprüchliches. Bei Matthäus und Lukas steht, Jesus sei »zu Bethlehem geboren«. Markus hingegen nennt Nazareth als Geburtsort. Matthäus und Lukas schreiben über Sterndeuter oder Weise, die aus dem Osten gekommen und dem »Stern von Bethlehem« gefolgt seien. Lukas erzählt die Geschichte ganz anders. Er berichtet über einen Besuch von Maria bei ihrer Verwandten Elisabeth (Lukas 1, 39–80) und die Verehrung des neugeborenen Jesuskindes durch irgendwelche Hirten. Davon wiederum weiß Matthäus nichts.

Der Theologieprofessor Antonio Pinero dazu:

Die Schilderungen von Matthäus und Lukas unterscheiden sich so stark voneinander, dass es bisweilen scheint, als erzählten sie nicht von ein und derselben Person. [34]

Als Mutter von Jesus wird durchgängig Maria angegeben, doch der Vater ist nicht etwa der fromme Zimmermann Joseph, sondern der Heilige Geist. Er soll Maria »unbefleckt«, also ohne Geschlechtsakt, geschwängert haben. Daher die »unbefleckte Empfängnis«. In allen vier Evangelien erfährt man nichts über die Kinder- und Jugendzeit von Jesus. Mit einer Ausnahme. Als 12-jähriger Ausreißer taucht er plötzlich im Tempel von Jerusalem auf und diskutiert dort fachkundig mit den Gelehrten.

Und es begab sich, nach 3 Tagen, fanden sie ihn im Tempel, wie er mitten unter den Lehrern saß, ihnen zuhörte und sie fragte. Es erstaunte aber alle, die ihn hörten, über seine Einsicht und seine Antworten. (Lukas 2, 46 ff)

Falls die Schilderung stimmt, müsst der junge Jesus ein aufgeweckter, ja, gelehrter Bursche gewesen sein. Aus welcher Denkschule bezog er sein Wissen?

Der geografische Raum, in dem sich die Jesusgeschichte abspielte, wird heute als Naher Osten bezeichnet. Damals gehörte das gesamte Mittelmeergebiet zum römischen Reich. Damaskus war 64 v. Chr. vom Feldherrn Pompeius Magnus

(106–48 v. Chr.) erobert worden, Jerusalem 37 v. Chr. und Ägypten 30 v. Chr. Die römischen Besatzer waren keine Heiligen. Sie verehrten den von den Griechen übernommenen Gott Apollo, leerten ihre Becher auf das Wohl ihres Gottes Bacchus (Dionysos), buhlten vor der Göttin Fortuna oder erbaten Hilfe vom Gott Jupiter. Für jede Gelegenheit existierte eine Gottheit – ähnlich wie im Fall der Heiligen im Katholizismus. Im Gegensatz dazu kannten die Juden nur einen Gott. Ihnen war die Vielgötterei ein Gräuel, denn Moses hatte verkündet:

> *Und Gott sprach: Ich bin der Herr, dein Gott, der dich aus dem Lande Ägyptens, aus dem Sklavenhause, herausgeführt hat. Du sollst keine anderen Götter neben mir haben. Du sollst dir kein Gottesbild machen, weder dessen, was oben im Himmel, noch dessen, was unten auf Erden, noch dessen, was in den Wassern unter der Erde ist. Du sollst sie nicht anbeten und ihnen nicht dienen, denn ich, der Herr, dein Gott, bin ein eifersüchtiger Gott [...].* (2. Mose 20 ff)

Den Römern war die jeweilige Religion der besiegten Völker egal. Jeder mochte glauben, was er wünschte. Den Juden hingegen nicht – und Jesus war Jude. Wenn er sich also mit Schriftgelehrten im Tempel von Jerusalem unterhielt, konnte es dabei nur um den jüdischen, von Moses überlieferten Glauben gehen. Und Moses predigte den Monotheismus – den Glauben an den einzigen Gott Israels. Als Moses um 1230 v. Chr. das Volk Israel von Ägypten nach Palästina führte, gab es für Israel nur eine Staatsreligion: den Monotheismus. Man verachtete die anderen Religionen und musste zähneknirschend zusehen, wie die Römer ihrer Vielgötterei frönten. Die Römer hingegen waren klug genug, den Juden ihre Selbstverwaltung zu lassen. So wurde der Tempel in Jerusalem zwar von römischen Soldaten bewacht – aber von jüdischen Priestern verwaltet. In den Vorhöfen des Heiligtums herrschte das geschäftige Treiben von Geldwechslern, Händlern mit ihren Verkaufsständen und Handwerkern. Von Sandalen bis zur Kopfbedeckung wurde an diesem Ort mit allem gehandelt, was das Herz begehrt. In dieser Welt lebte der Jude Jesus. Wie alle anderen musste er sich dem herrschenden Zeitgeist anpassen – so gut es ging.

Woher also hatte ein 12-jähriger Knabe aus einfachen Verhältnissen seine Kenntnisse der Mosaischen Gesetze? Welcher Denkschule entstammte er?

Die strengsten Hüter und Lehrer des Judentums zu jener Zeit waren die Sadduzäer – die Vertreter der konservativen Religionspartei. Ihnen gegenüber standen die Pharisäer – heute würde man sie als Opposition bezeichnen. Folgt man den Evangelisten, so verstand sich Jesus weder mit der einen noch mit der anderen Gruppe. Oft mokierte er sich gegen diese »Schriftgelehrten«. Wäre Jesus ein Vertreter der sadduzäischen oder pharisäischen Philosophie gewesen, so stünde das in den Evangelien. Die jeweilige Seite hätte sich damit geschmückt. Doch der Name eines Jesus von Bethlehem oder Nazareth existiert in keiner Gelehrtenschrift. Der Junge musste seine Kenntnisse aus einer anderen Quelle bezogen haben. Aus welcher?

Der jüdische Geschichtsschreiber Flavius Josephus (37/38–um 100) liefert die Antwort. Im 8. Kapitel seines zweiten Buchs über die Geschichte des jüdischen Krieges schreibt er:

Es gibt nämlich bei den Juden drei Arten von philosophischen Schulen; die eine bilden die Pharisäer, *die andere die* Sadduzäer, *die dritte, welche nach besonders strengen Regeln lebt, sind die* Essener. *Die letzteren sind ebenfalls geborene Juden, aber untereinander noch mehr als die anderen durch Liebe verbunden [...] über die Ehe denken sie gering,* dagegen nehmen sie fremde Kinder auf, solange dieselben noch im zarten Alter stehen und bildungsfähig sind, halten sie wie Angehörige und prägen ihnen ihre Sitten ein [...]. *Den Reichtum verachten sie [...] es besteht die Vorschrift, dass jeder, der dieser Sekte beitreten will, sein Vermögen der Gesamtheit abtreten muss. Ordensangehörigen, die von woanders kommen, steht alles, was sie bei ihren Genossen finden, wie ihr eigener Besitz zur Verfügung [...]. In ihrem Anzug und ihrer ganzen äußeren Erscheinung machen sie den Eindruck von Knaben [...]. Kleider und Schuhe wechseln sie nicht eher, als bis sie gänzlich zerfetzt sind [...]. Ehe das Mahl beginnt, spricht der Priester ein Gebet [...] nach dem Mahle betet er wiederum [...] nur in zwei Dingen besitzen sie völlige Freiheit: in der Hilfeleistung und in der Ausübung der Barmherzigkeit [...]. Mit Vorliebe widmen sie sich dem Studium von Schriften der Alten, besonders um zu ergründen, was für Leib und Seele heilsam ist [...].* Schmerzen überwinden sie durch Seelenstärke, und einen ruhmvollen Tod ziehen sie einem längeren Leben vor. Diese ihre Gesinnung trat so recht im Kriege gegen die Römer zutage. *Auf die Folter wurden sie gespannt, ihre Glieder gereckt, verbrannt, zerbrochen, mit allen erdenklichen Marterwerkzeugen quälte man sie, um sie zur Lästerung des Gesetzgebers oder zum Genuss einer ihnen verbotenen Speise zu bringen [...]. Kein bitteres Wort über ihre Peiniger kam über ihre Lippen [...].*

> Sie hegen nämlich den festen Glauben, dass der Körper zwar der Verwesung anheimfalle und vergänglich sei, die Seele dagegen in Ewigkeit fortlebe [...]. *Es finden sich auch solche unter ihnen, welche die Zukunft vorauszuwissen behaupten. Und in der Tat ist es ein seltener Fall, wenn ihre Weissagungen einmal nicht in Erfüllung gehen* [...]. [35]

Flavius Josephus, der diese Aufzeichnungen im Jahre 77 n. Chr. niederschrieb, war über die Essener derart gut informiert, weil er – nach eigenen Angaben – 3 Jahre lang unter ihnen gelebt hatte. Einen noch älteren Bericht über die Bräuche und das Denken der Essener fand ich in einem Aufsatz des Philon von Alexandria (25 v. Chr. – 50 n. Chr.). Dort steht:

> *Das palästinensische Syrien, welches ein wesentlicher Teil des sehr zahlreichen Volkes der Juden bewohnt, ist auch nicht unfruchtbar im Hervorbringen von Tugenden gewesen. Gewisse unter ihnen, an Zahl mehr als 4000, bezeichnet man mit dem Namen Essener; dieser Name ist meiner Ansicht nach, obwohl er genau genommen kein griechisches Wort ist, mit dem Wort ›Heiligkeit‹ zusammengebracht worden; tatsächlich sind dies Menschen, die ganz besonders dem Gottesdienst obliegen. Sie bringen aber keine Tieropfer dar, sondern finden es ratsamer, ihr Denken zu heiligen.* [...]
> *Sie horten weder Silber noch Gold, und sie erwerben keine großen Landgüter, sondern sie sorgen nur für den nötigen Lebensbedarf. Fast allein unter allen Menschen leben sie ohne Güter und Besitz* [...]. *Sie halten sich dennoch für reich, weil sie Genügsamkeit und ein gutes Gemüt als die wirkliche Überfülle schätzen* [...]. *Sie verwerfen alles, was in ihnen Habsucht erwecken könnte* [...], *auch haben sie unter sich nicht einen einzigen Sklaven, sondern sie sind alle frei und*

helfen sich gegenseitig [...]. Ihre Liebe zu Gott zeigen tausend Beispiele [...] Verachtung der Reichtümer und der Ehre, Abscheu vor Vergnügen [...], sie haben eine einzige Kasse für alle und gemeinsame Ausgaben [...], auch den Brauch der gemeinsamen Mahlzeiten [...], das Teilen desselben Daches, derselben Lebensweise und desselben Tisches findet man tatsächlich nirgends besser verwirklicht [...]. [36]

Jesus muss aus der Klosterschule der Essener gekommen sein. Diese Feststellung ist beweisbar, denn seit 1947 kennt man die Schriftrollen vom Toten Meer – und damit den Ursprung der Lehren Jesu.

Die Geschichte der sogenannten Qumran-Handschriften ist abenteuerlich. [37] Durch Zufall suchten ein paar Hirten am Toten Meer Unterkunft in einer Höhle, von denen es in den Felsen nur so wimmelte. Im Schein ihrer Fackeln entdeckten sie im hintersten Teil eines Gewölbes Tongefäße. Darin befanden sich Schriftrollen. Die Hirten – ausnahmslos Analphabeten – brachten einige der Rollen nach Hause. Die Eltern zeigten sie einem Dorflehrer und der einem Gelehrten. Dieser erfasste die Brisanz der Texte schnell. Die Höhlen wurden gründlich durchsucht und noch mehr Schriftrollen sichergestellt. Zuerst wanderten sie in die Hände verschiedener Wissenschaftler, dann kaufte der Vatikan sämtliche Handschriften, die er finden konnte, auf. Jahrelang hörte man nichts mehr davon. Die wenigen Fachleute, welche die alten Schriften übersetzen konnten, wurden vertraglich zum Schweigen verpflichtet. Schließlich erschienen einige Bücher über die Qumran-Manuskripte [38, 39, 40], doch auch die enthielten nicht die Übersetzungen *aller* Schriftrollen. Dies ist bis heute so. Die offensichtlich brisantesten (oder entlarvendsten?) Teile der

Schriftrollen sind nach wie vor ein Geheimnis der Vatikanischen Bibliothek. Was macht diese Schriften derart brisant?

In den Texten wird dargelegt, dass wesentliche Teile der Evangelien aus der Schule der Essener stammen. Und es wird offenbar, dass die Lebensweise und der Lebensstil von Jesus eindeutig essenischen Ursprungs war. Darüber hinaus, dass Gleichnisse und ganze Passagen, die Jesus in den Mund gelegt werden, bereits lange Zeit vor Jesus von den Essenern gepredigt wurden.

Textvergleiche zwischen den Evangelien und den Texten der Schriftrollen vom Toten Meer belegen klipp und klar, woher Jesus seine Lehren und Gleichnisse bezog. Doch diese ernüchternde Erkenntnis kann den Gläubigen nicht zugemutet werden. Schließlich war bei den Konzilien beschlossen worden, Jesus sei Gott, und der Vater, der Sohn und der Heilige Geist seien »wesensgleich«. Ein »Gott« aber hätte niemals Texte, die gar nicht aus seinem »göttlichen Mund« stammten, abgekupfert. Gottesschriften und Gottestexte hatten original – einzigartig! – zu sein und durften nie und nimmer der Philosophie irgendeiner Ordensgemeinschaft entstammen.

Mir scheint, als habe der berühmte Urwaldarzt Albert Schweitzer (1875–1965) geahnt, was auf das Christentum zukommen könnte, als er festhielt:

Das Christentum muss von vornherein und immer mit der Möglichkeit einer Preisgabe der Geschichtlichkeit von Jesu rechnen. [41]

Nachfolgend einige Vergleiche zwischen der Lehre der Essener und der Jesu:

- Die Essener predigten Sanftmut und Demut. Dasselbe tat Jesus.
- Die Essener warnten vor einem kommenden Weltgericht durch Feuer. Genau wie Jesus.
- Die Essener lehrten, man solle seinen Nächsten lieben wie sich selbst – nicht anders Jesus.
- Die Essener verkündeten »die Söhne des Lichts«, welche gegen »die Söhne der Dunkelheit« kämpften. Wie Jesus.
- Die Essener verhießen »das ewige Leben«. So auch Jesus.
- Die Essener sprachen von »Mitgliedern des neuen Bundes« und vom Heiligen Geist. Dasselbe tat Jesus.
- Die Essener begannen ihre Mahlzeiten mit einem Tischgebet. Wie Jesus (zum Beispiel beim letzten Abendmahl).
- Die Essener sprachen vom Fundament der Gemeinschaft, das nie erschüttert werden könne – Jesus sprach vom Felsen Petrus, den »die Pforten der Hölle nie überwältigen können«.
- Die Essener nahmen fremde Kinder auf, solange sie noch bildungsfähig waren – dasselbe tat die junge Christengemeinde.
- Die Essener praktizierten die Armut. Wie die Urchristen.
- Die Essener waren bereit, sich für ihren Glauben foltern zu lassen. Ebenso die Christen.
- Die Essener lehnten die Sklaverei ab. Wie auch die Christen – vor Gott war jeder gleich.

◈ Die Essener verlangten von jedem neuen Gemeindemitglied, dass es seine Sünden bekenne. So auch die Christen.

In den Schriftrollen vom Toten Meer tauchten dieselben Seligsprechungen auf, wie sie später in der Bergpredigt von Jesus festgehalten wurden. Wort für Wort.

Bei derart vielen Gemeinsamkeiten wird klar: Die Lehren Jesu stammten aus der Schule der Essener. Obschon über seine Geburt nichts Genaues bekannt ist, gilt er doch als Sohn einer jungen Frau namens Maria. Die hatte zwar keinen festen Wohnsitz, wusste aber, *dass die Essener fremde Kinder aufnahmen, solange diese noch im zarten Alter und bildungsfähig waren.* Also brachte Maria ihr Knäblein zu den Essenern am Toten Meer. Dort verinnerlichte er die Mosaischen Gesetze – den Monotheismus: Es gibt nur einen Gott, du sollst keine anderen Götter neben mir haben. Als 23-Jähriger verließ Jesus das Kloster und zog selbst als Prediger durchs Land. Sein Weg führte ihn durch die kleinen Ansiedlungen am See Genezareth bis nach Jericho. Mit dabei auch sein Verwandter Johannes der Täufer, ebenfalls ein Essener. Jesus wusste, dass er nicht öffentlich gegen die römische Okkupationsmacht reden konnte. Also sprach er in Gleichnissen; die Besatzer sollten nicht merken, was er eigentlich vorhatte. Nämlich zu verkünden, dass alle Menschen gleich sind. Für Römer eine politische Ungeheuerlichkeit.

Jesus suchte Gleichgesinnte – die sogenannten Apostel. Diese waren allesamt nicht die Unschuldslämmer, als die sie in den Evangelien dargestellt werden, sondern Rädelsführer. Vier unter ihnen sind inzwischen eindeutig als Zeloten – Dolchmänner – identifiziert. [42] (Ich komme darauf zurück.) Die zwölf Apostel eine Leibwache? Nur so lässt sich erklären, dass Jesus es wagte, auch in den Städten und unter den Augen der römischen Soldaten aufzutreten. Aber seine Reden wurden auch von der sadduzäischen und pharisäischen Theologenschaft vernommen. Im Gegensatz zu den Römern verstanden diese die Aussagen von Jesus sehr wohl. Da beide politischen Richtungen mit den Römern fraternisierten – man hatte sich arrangiert –, drohte der Wanderprediger Jesus, ihnen in die Quere zu kommen. Die stillschweigenden Vereinbarungen zwischen den Juden und den Römern bestanden darin, dass die Juden ihre Heiligtümer weiter selbst verwalten durften. Landwirtschaft und Geldhandel funktionierten in hergebrachter Weise. Die Römer kassierten lediglich einen Tribut – eine saftige Steuer. Solange der verhältnismäßig erträgliche Status quo nicht verletzt wurde, war es der jüdischen Oberschicht recht. Bis plötzlich dieser Jesus mit seiner Leibwache auftauchte und auf den belebten Plätzen von Jerusalem Reden hielt. Die Juden begriffen rasch, worauf er abzielte – die Römer merkten es lange nicht. Doch die Pharisäer und die Sadduzäer begannen sich Gedanken zu machen, wie man diesen widerspenstigen Prediger zum Schweigen bringen konnte, bevor er das gute Verhältnis zur römischen Besatzungsmacht zerrüttete.

Was dann genau geschah, geht aus den Evangelien nicht hervor. Belegt ist nur, dass der römische Landpfleger von Judäa, Pontius Pilatus, Jesus suchen ließ, um ihn zu verhaften. Hatte der jüdische Hohepriester Kaiphas ihm einen Wink gegeben? Hatte dieser den Pilatus darüber aufgeklärt, was der fromme Essener Jesus mit seinen sanftmütig klingenden Reden erreichen wollte? Hatte Jesus mit seinen Aposteln und Anhängern gar den Tempel gestürmt und die diversen Händler daraus vertrieben, wie die Evangelien schreiben? So oder so muss Jesus ein *politisches* Vergehen vorgeworfen worden sein, denn die *religiösen* Belange der Juden störten die Römer nicht. Um einen regelrechten Volksaufstand gegen die Römer kann es auch nicht gegangen sein. Dies wüssten wir aus der römischen Geschichtsschreibung. Jedenfalls wird aus den Evangelien ersichtlich, dass sich Jesus mit seinen Anhängern plötzlich verstecken musste. Weshalb?

Die Evangelisten schildern Jesus als eine sanfte und hilfsbereite Persönlichkeit, der Schwerkranke heilt und sogar Tote zum Leben erweckt. Er war öffentlich tätig – sein Gesicht »stadtbekannt«. Man mochte ihn. Doch von einem Tag auf den anderen verschwand er aus der Öffentlichkeit und versteckte sich mitsamt seinen Aposteln auf einem östlich von Jerusalem liegenden Hügel, dem Ölberg. Assistiert von ortskundigen Juden suchte ein Trupp römischer Soldaten nach dem Wanderprediger. In der Nacht fanden sie Jesus mit seinen Anhängern, umstellten die Gruppe und forderten sie auf, ihren Anführer herauszugeben. Da löste sich Judas Iskariot, ein Apostel aus der Schar um Jesus, und küsste ihn. Seither gilt der Judaskuss als Inbegriff eines hinterhältigen Verrates.

Doch *was* gab es überhaupt zu verraten?

Einen friedlichen und vom Volk verehrten Mann? Einen, der niemandem etwas zuleide tat? Überdies hatte Jesus immer in der Öffentlichkeit gepredigt, man kannte nicht nur den Inhalt seiner Reden, sondern auch sein Gesicht. Die Römer hätten ihn jederzeit zu einer Befragung festnehmen können. Weshalb musste Judas die Identität seines Meisters durch einen

Kuss bezeugen? Die Evangelisten schreiben, Judas habe den Häschern gesagt:»Der, den ich küsse, der ist es.« Die höchst intime Identifikation lässt darauf schließen, dass Jesus maskiert und verkleidet war. Die römischen Soldaten vermochten also nicht zweifelsfrei auszumachen, wer von den Anwesenden Jesus war.

Der Evangelist Johannes berichtet, wie Petrus blitzschnell zum Schwert griff und Malchus, einem Sklaven des hohen Priesters, das rechte Ohr abschnitt. Demnach war Petrus bewaffnet. Jesus seinerseits erkannte die Hoffnungslosigkeit seiner Lage und merkte, dass Widerstand zwecklos war. Er befahl:»Stecke das Schwert wieder in die Scheide.« Jesus wurde verhaftet und abgeführt. Im Durcheinander von Gaffern und Soldaten schlugen sich die Apostel in die Büsche. Nach ihnen war ohnehin nicht gefahndet worden. Nur Petrus wollte wissen, was mit seinem Herrn geschieht. Verkleidet mischte er sich unter die römischen Soldaten. Der Evangelist Lukas beschreibt die Szene folgendermaßen:

Und nachdem sie ihn ergriffen hatten, führten sie ihn ab und brachten ihn in das Haus des Hohen Priesters. Petrus jedoch folgte ihnen von Ferne. Als sie aber mitten im Hof ein Feuer entzündeten und sich zueinander gesetzt hatten, setzte sich Petrus mitten unter sie. Da sah ihn auch eine Magd am Feuer sitzen, blickte ihn an und sagte: ›Auch du bist einer von ihnen.‹ Petrus aber antwortete: ›Mensch, ich bin's nicht.‹ Und nach Verlauf einer Stunde versicherte ein anderer: ›In Wahrheit, auch dieser war mit ihm, denn er ist ein Galiläer.‹ Petrus aber antwortete: ›Mensch, ich weiß nicht was du meinst.‹ (Lukas 22, 54 ff)

Dieser Petrus muss ein gerissener Bursche gewesen sein, sonst hätte er sich kaum 2 Stunden unter den römischen Soldaten am Lagerfeuer aufhalten können. Zudem muss er auch die lateinische Sprache perfekt beherrscht haben.

Jesus wurde vor zwei Gerichte gezerrt, verhört, verhöhnt, gepeinigt, für schuldig befunden und ans Kreuz geschlagen. Carmichael [42] wies überzeugend nach, dass die Kreuzigung ein *römischer* Strafvollzug war. Nach einem *römischen* Urteilsspruch nahmen *römische* Soldaten die Kreuzigung vor. Wie die Kreuzesinschrift bezeugt, wurde Jesus wegen eines *politischen* Vergehens hingerichtet – als »König der Juden« (Johannes 19, 19–22). Ergänzend bleibt zu vermerken, dass Jesus eine feinfühlige, heilkundige und gelehrte Persönlichkeit gewesen sein muss und außerdem ein Redner von hohem Talent. Er war grundehrlich, bescheiden, ohne Besitz und gottesfürchtig. Als Essener praktizierte er die Pflichten der Nächstenliebe, der Enthaltsamkeit und der Hilfsbereitschaft. Doch als Essener muss er auch ein Opponent gegen die römische Vielgötterei und die römische Besatzung gewesen sein.

Rudolf Augstein, Gründer und Herausgeber des deutschen Nachrichtenmagazins *Der Spiegel*, analysierte, der Jesus aus den Evangelien sei »eine aus mehreren Figuren und Strömungen geflossene Erscheinung«, und fragte, »[...] mit welchem Recht sich die Christlichen Kirchen auf einen Jesus berufen, den es so nicht gab, auf Lehren, die er nicht gelehrt, auf eine Vollmacht , die er nicht erteilt, und auf eine Gottesbotschaft, die er nie beansprucht hat.« [43]

Jesus war nicht – wie die gesamte Christenheit zu glauben verpflichtet ist – Gottes Sohn. Er war zu keiner Zeit ein »Erlöser«, denn es gab nie etwas zu »erlösen«. Die Erbsünde ist eine Erfindung, und selbst wenn sie existiert hätte, müsste sie nach der Sintflut restlos getilgt worden sein – schließlich waren alle Sünder ertrunken. Seit den Konzilien und den damals beschlossenen Glaubenssätzen – Jesus sei Gott – wird die Christenheit in die Irre geführt. Nicht aus Böswilligkeit, nicht aus Machtkalkül, nicht aus Dummheit, nicht mal aus Rechthaberei –, sondern des Glaubens wegen. Abertausende von Büchern sind über den Heiland geschrieben worden, die meisten von grundehrlichen, hochintelligenten und bescheidenen Autoren – doch allesamt waren vom tiefen Glauben durchdrungen.

Der Glaube versetzt Berge. Er verhindert aber auch jede distanzierte Analyse. Weil die auch gar nicht erwünscht ist, erdachten die Kirchenmänner einen Katechismus, ein Kompendium von Vorschriften, wie zu glauben sei. Darin liest man, dass Gott den Menschen aus reiner Güte erschaffen habe, damit dieser an seinem (göttlichen) Leben teilhabe. Und was ist mit all denen, die leiden und denen es ein Leben lang hundsmiserabel geht?

Nun wurde ich selbst römisch-katholisch erzogen und verbrachte einige Jahre in einem Jesuiteninternat mit Latein und Altgriechisch. Wie kommt ein Jesuitenzögling dazu, die Jesusfigur und seine anerzogene Religion kritisch zu durchleuchten? Ich erinnere mich genau, was in meiner Jugend geschah. Ich war Schüler am streng katholischen Jesuiteninternat Saint-Michel in Fribourg (Schweiz). 6 Wochen Sommerferien standen vor der Tür, und der Präfekt des Collèges hielt eine Abschiedsrede, die uns Studenten ermahnen sollte. Er dozierte, jeder von uns solle jeden Tag und jede Stunde bereit sein, beispielsweise durch einen Unfall zu sterben und vor den Thron des allmächtigen Gottes zu treten. Dort würde Gott seine Schafe zu seiner rechten Seite stellen – und die Abtrünnigen zu seiner linken. Der Professor las uns aus dem Markusevangelium (Kapitel 25, Vers 33) vor:

> Dann wird der König zu denen zu seiner Rechten sagen: ›Kommet her, ihr Gesegneten meines Vaters, erbet das Reich, das euch von Grundlegung der Welt an bereitet worden ist.‹

Die auf der Linken hingegen würde er in die ewige Hölle schicken, weil sie am Glauben gezweifelt und abtrünnig geworden seien.

Noch während der Ansprache wurde mir bewusst, dass ich eindeutig auf der linken Seite stehen würde, denn ich hatte Zweifel an meiner eigenen Religion. (Warum? Darauf komme ich im nächsten Kapitel zurück.) Mir war klar, dass Gott die höchste Intelligenz im Universum sein musste, und diese Intelligenz konnte niemals so etwas wie Glauben einfordern. Denn Glaube bedeutet, etwas wider den Verstand anzunehmen. Dazu kommt, ich erwähnte es bereits: der Glaube an *welche* Religion? Ausnahmslos jede behauptet, recht zu haben – auch wenn sie einen Riesenunsinn verbreitet. Was wäre – so fragte ich mich bei der Predigt des Präfekten –, wenn Gott nach meinem Tod zu mir sagen würde: »Ich gab dir Intelligenz und den freien Verstand. Du hättest bemerken müssen, dass die Religion den Menschen in die Unfreiheit zwingt, dass sie Ansichten lehrt, die gegen die Wissenschaft, gegen jede Vernunft sind. Warum hast du dich nicht gewehrt? Warum hast du feige mitgemacht? Weiche von mir!«

Als 17-Jähriger störte ich mich an den Widersprüchen in der Heiligen Schrift. Das Evangelium des Matthäus beginnt mit der Abstammung Jesu, »[...] der da ist ein Sohn Davids, des Sohnes Abrahams«. Stammväter werden aufgezählt, bis hin zu »Jakob zeugte Joseph, den Mann Marias«. Wozu wird explizit auf die Herkunft verwiesen, wenn Joseph doch gar nicht der leibliche Vater von Jesus sein durfte? Dass seine Frau, die junge Maria, vom Heiligen Geist geschwängert sein sollte, leuchtete dem schlichten Zimmermann so wenig ein wie jedem normalen Mann: »Joseph aber, ihr Mann, war fromm und wollte sie nicht rügen, gedachte aber, sie heimlich zu verlassen.« (Matthäus 19) Doch ein »Engel des Herrn« rettete das eheliche Glück. Im Traum erschien dieser dem geplagten Joseph: »Joseph, du Sohn Davids, fürchte dich nicht, Maria zu dir zu nehmen, denn was in ihr geboren ist, das ist vom Heiligen Geist.« Der Evangelist Lukas schreibt Joseph 76 Vorväter zu, Matthäus kennt nur 42.

Matthäus berichtet ausführlich, wie Johannes Jesus taufte. Danach tat sich der Himmel auf, und Gottes Geist schwebte »gleich als eine Taube herab«, und eine Stimme sprach aus dem Himmel: »Dies ist mein geliebter Sohn, an dem ich mein Wohlgefallen habe.« Doch derselbe »himmlische Vater« sieht später tatenlos zu, wie sein »geliebter Sohn« von den Menschen gefoltert und ermordet wird.

Widersprüchlich auch dies: Herodes Antipas (4 v. Chr. – 40 n. Chr.) nimmt Johannes den Täufer in Haft und lässt ihn später enthaupten. Doch im Kerker weiß Johannes nichts mehr von Jesus. Er schickt zwei Gesellen aus, um Jesus fragen zu lassen, ob er es sei, der da kommen soll. Dabei hatte derselbe Johannes früher bei einer Begegnung über Jesus gesagt: »Der ist größer als ich, und ich bin nicht würdig, ihm die Schuhe zu tragen.« Er hatte auch miterlebt, wie die Taube über dem Haupt von Jesus schwebte und der »himmlische Vater« aus den Wolken sprach. Im 5. Kapitel überliefert Matthäus einige Ratschläge, die der frommste Christ nicht befolgen könnte. »Wenn dich aber dein rechtes Auge zur Sünde verführt, so reiß es aus und wirf es von dir [...], und wenn dich deine rechte Hand zur Sünde verführt, so haue sie ab und wirf sie von dir [...], wer dich auf den rechten Backen schlägt, dem biete auch den anderen dar, und den, der gegen dich den Richter anruft und dir den Rock nehmen will, dem lass auch den Mantel dazu. Und wer dich nötigt, eine Meile weit zu gehen, mit dem gehe zwei [...].«

Wiederholt hält Jesus seine Zuhörer zu klarer Sprache an. Sie soll nicht »lauwarm« sein. »Vielmehr sei eure Rede: Ja, ja – nein, nein. Was darüber ist, das ist vom Bösen.« (Matthäus 5, 37) Jesus selbst aber spricht oft in verklausulierten Gleichnissen. Beispiel: Er heilt einen Leprakranken durch Handauflegen. Dann befiehlt er dem Geheilten, er solle es niemandem sagen. Doch im nächsten Satz wünscht er: »Gehe hin und zeige dich dem Priester.« Das Schweigegebot wäre ohnehin sinnlos gewesen, »weil eine große Volksmenge zugegen« war. (Matthäus 8, 1 ff)

Liebet einander – die wunderbare und sanfte Botschaft der Evangelien. Gleichzeitig aber verlangt Jesus: »Wer den Vater oder die Mutter mehr liebt als mich, ist meiner nicht wert. Und wer seinen Sohn oder seine Tochter mehr liebt als mich, der ist meiner nicht wert.« Zudem bekräftigt er: »Ich bin nicht gekommen, Frieden zu bringen, sondern das Schwert. Denn ich bin gekommen, einen Menschen mit seinem Vater zu entzweien und eine Tochter mit ihrer Mutter und eine Schwiegertochter mit ihrer Schwiegermutter.« (Matthäus 10, 34) Jesus ein Narzist?

Friede, Freude überall? Nicht für diejenigen, die Jesus abweisen. Etwa die Bürger von Chorazin, Bethsaida und Kaparnaum.

»Wehe dir, Chorazin! Wehe dir, Bethsaida! [...] Ich sage euch: Tyrus und Sidon wird es am Tage des Gerichtes erträglicher ergehen als euch. Und du, Kapernaum [...], bis zum Totenreich wirst du hinabfahren. Denn wenn in Sodom die machtvollen Taten geschehen wären, die bei dir geschehen sind, stände es noch heute. Ja, dem Lande Sodom wird es am Tage des Gerichts erträglicher gehen als dir.« (Matthäus 11, 20 ff) Zum Verständnis: Die Städte Sodom und Gomorrha waren durch Feuer vom Himmel restlos vernichtet worden. (1. Mose 19, 1 ff)

Die Widersprüche in den Evangelien häufen sich. Dabei soll das Neue Testament doch »denselben Urheber haben wie die Schrift des Alten Testaments«, nämlich Gott. So der bereits zitierte Theologieprofessor Karl Rahner.

Jesus wies seine Jünger an, klar zu sprechen: »Ja, ja – nein, nein, sei eure Sprache.« Doch dann berät er seine Apostel: »Seid klug wie die Schlangen und ohne Falsch wie die Tauben.« Doppelzüngigkeit? Anschließend prophezeit er, dass »sie alle gehasst werden von jedermann um meines Namens Willen«. (Matthäus 10, 22) Ein paar Sätze später das Gegenteil: »Mein Joch ist sanft und meine Last ist leicht.« (Matthäus 11, 30)

Widersprüche? Na ja, die kommen doch in jedem alten Text vor. Sie dürften aber nicht in der Heiligen Schrift vorkommen, die doch »ausnahmslos Vollzugsberichte eines Gottes Wortes sind«, so der Theologieprofessor Jacques Guillet.

Selbst empörende Ungerechtigkeiten nimmt der Bibelgläubige achselzuckend hin. Geschildert vom Evangelisten Matthäus im 22. Kapitel:

> *Das Himmelreich ist gleich einem König, der seinem Sohne Hochzeit machte. Und er sandte seine Knechte aus, um die Geladenen zur Hochzeit zu rufen, und sie wollten nicht kommen. Wiederum sandte er andere Knechte aus und sprach: Saget den Geladenen: Siehe, ich habe meine Mahlzeit bereitet, meine Ochsen und das Mastvieh sind geschlachtet und alles ist bereit; kommet zur Hochzeit. Sie jedoch achteten nicht darauf, sondern gingen hinweg, der eine auf seinen Acker, der andere an sein Geschäft, die übrigen aber ergriffen seine Knechte, misshandelten und töteten sie. Da wurde der König zornig und sandte seine Heere aus, ließ jeden Mörder umbringen und ihre Stadt anzünden. Dann sagte er zu seinen Knechten: Die Hochzeit ist zwar bereit, aber die Geladenen waren unwürdig. Darum gehet an die Kreuzungen der Straßen und ladet zur Hochzeit ein, so viele ihr findet! [...] Als aber der König hineinging, um sich die Gäste zu betrachten, da sah er einen Menschen, der nicht mit einem Hochzeitskleid angetan war. [...] Da sprach der König zu den Dienern: Bindet ihm Hände und Füße und werfet ihn hinaus in die Finsternis. Dort wird Heulen und Zähneknirschen sein [...].*

Der Arme konnte sich weder ein Hochzeitskleid kaufen noch auf die Schnelle ausleihen. Vielmehr war er zur Teilnahme an der Hochzeit gezwungen worden.

Der Essener Jesus lebte sehr bescheiden. Aus heutiger Sicht war er ein Antikapitalist. Doch selbst diese Einsicht ist widersprüchlich, wie Matthäus im 25. Kapitel ab Vers 14 berichtet. Da fährt ein reicher Herr in Urlaub und vertraut vor seiner Abreise den Knechten etwas Geld an. Nach der Rückkehr erscheinen sie zum Bericht. Einer, dem der Meister 5 Talente (= Silbergeld von 6000 Drachmen) anvertraute, hatte die Zeit genutzt, um 10 Talente daraus zu machen. Ein anderer hatte aus 2 Talenten 4 erwirtschaftet. Doch einer hatte das Geld, aus Angst, es könnte ihm gestohlen werden, vergraben. Zu diesem sprach »der Herr«: »Du böser und fauler Knecht. […] Dann hättest du mein Geld den Geldverleihern bringen sollen, und ich hätte bei meiner Rückkehr das Meinige mit Zinsen zurückerhalten. […] Nehmet ihm das Talent weg und gebet es dem, der die 10 Talente hat. Denn jedem, der hat, wird gegeben werden. […] Wer, aber nicht hat, dem wird auch das genommen werden. Und den unnützen Knecht stoßt hinaus in die Finsternis, die draußen ist. Dort wird Heulen und Zähneknirschen sein.«

Kapitalisten aller Länder vereinigt euch – vermehrt eure Talente.

Bei den Verhören vor dem hohen Rat wurde Jesus gefragt, ob er Gottes Sohn sei. Dessen Antwort nach Matthäus: »Du hast es gesagt.« Nach Markus: »Ich bin es.« Nach Lukas: »Ihr sagt es.« Jesus wirft seinen Richtern vor, *sie* würden ihm unterstellen, er sei Gottes Sohn. Bei Markus präzisiert Jesus, dass er es nicht ist. »Jesus, aber sprach zu ihm, was nennst du mich gut? *Niemand ist gut außer Gott alleine.*«

Pontius Pilatus hält Jesus für unschuldig, lässt ihn aber trotzdem kreuzigen. »Nehmt ihn und kreuzigt ihn, denn ich finde

keine Schuld an ihm.« (Johannes 19, 6) Doch derselbe Pontius Pilatus war lange genug im Land, um zu wissen, dass die Juden keinen Menschen kreuzigen durften. Die Kreuzigung war ein römischer Vollzug. Die Juden bleiben hartnäckig und fordern: »Wir haben ein Gesetz, nach dem er sterben muss. Denn er hat sich zu Gottes Sohn gemacht.« Schließlich gibt Pilatus nach, »obschon er sich fürchtete«. Vor *was* soll sich der römische Stadthalter gefürchtet haben? Vor dem jüdischen Mob? Vor den Schriftgelehrten der Sadduzäer und Pharisäer? Vermutlich führten politische Gründe zur Entscheidung des Pilatus. Jesus wird den römischen Soldaten übergeben, die ihn – gemeinsam mit zwei anderen Delinquenten – ans Kreuz schlagen. Auch über die letzten Worte Jesu sind sich die Evangelisten nicht einig. Nach Markus (15, 34) und Matthäus (27, 46) rief er mit lauter Stimme: »Mein Gott, mein Gott, warum hast du mich verlassen?« Nach Lukas (23, 46): »Vater, in deine Hände befehle ich meinen Geist.« Nach Johannes (19, 30): »Es ist vollbracht.«

Weil am Sabbat niemand an den Kreuzen hängen durfte, erhielten die nächsten Verwandten Jesu die Erlaubnis, den Körper abzunehmen. Markus berichtet (16, 1 ff), Maria Magdalena, Maria Jakobi und Salome hätten Spezereien gekauft, um den Verstorbenen zu salben. Der Körper wird in das Grab eines reichen Anhängers von Jesus gelegt. Als die Frauen am darauffolgenden Tag die Gruft besuchen wollten, stand sie offen und ein Jüngling mit langem weißem Gewand saß darin. Er sagte, die Frauen sollten sich nicht wundern, Jesus sei auferstanden. Sie sollten dies den Aposteln melden.

Johannes berichtet den Vorgang anders. (20, 1 ff) Bei ihm kommt Maria Magdalena in der Frühe zum Grab, vor dem der

Stein bereits weggerollt war. Voller Panik rennt sie zu den Aposteln. Sie glaubt, jemand habe den Körper von Jesus weggenommen und an einen unbekannten Ort gebracht. Lukas (24, 1 ff) weiß nur von namentlich nicht genannten »Weibern«, die vor dem geöffneten Grab »zwei Männer in glänzenden Kleidern« sahen. Die Fremden sagten: »Was sucht ihr den Lebendigen bei den Toten?«

Dramatisch geht es bei Matthäus zu. (28, 1 ff) Maria Magdalena und Maria Jakobi kommen zur verschlossenen Grabesgruft. In diesem Augenblick beginnt die Erde zu beben, und ein Engel steigt »wie ein Blitz in einem Kleid wie Schnee« von den Wolken und wälzt den Stein weg. Er teilt den Frauen mit, Jesus sei lebendig und auferstanden und sie sollten dies den Aposteln mitteilen. Doch merkwürdig: Die Apostel glauben den Frauen kein Wort. Die Worte der Weiber »kamen ihnen vor wie leeres Gerede und sie glaubten ihnen nicht«. (Lukas 24, 11)

Eigentlich unfassbar. Da schreiben die Evangelisten in ihren Büchern, »der Erlöser« würde sterben, aber auferstehen – und wenn's dann geschieht, können sie's nicht glauben. Selbst über ein phänomenales Ereignis wie die Himmelfahrt von Jesus berichten die Evangelien, als hätte jeder Schreiberling etwas anderes beobachtet. Trotzdem will jeder dabei gewesen sein. Folgt man Matthäus, so befahl Jesus seine Jünger auf einen Berg in Galiläa. Als diese den auferstandenen Jesus sehen, werfen sie sich nieder. »Einige aber zweifelten.« Wieso? Jesus steht doch leibhaftig vor ihnen. Bei Markus steht gerade mal ein einziger Satz über das fantastische Ereignis. »Jesus nun wurde, nachdem er zu ihnen geredet hatte, in den Himmel emporgehoben und setzte sich zur Rechten Gottes.« So einfach war das.

Bei Lukas (24, 50 ff) lässt Jesus seine Jünger »hinaus bis gegen Bethanien führen«. Während er sie segnete, »schied er von ihnen und fuhr gen Himmel«. Einfach so. Johannes wiederum, der Lieblingsjünger von Jesus, weiß nichts von einer Himmelfahrt.

Wäre Jesus vor aller Augen himmelwärts gestiegen, so hätten dies auch andere Menschen beobachtet. Das einzigartige Ereignis wäre zum Tagesgespräch in der gesamten Region geworden. Schließlich hatte das ganze Volk den Prozess und die Kreuzigung mitbekommen. Doch nirgendwo in der jüdischen oder römischen Geschichtsschreibung steht auch nur ein Wörtchen über eine Himmelfahrt des berühmten Nazareners. Weshalb nicht? Weil nichts davon stimmt.

Einer der Suchenden nach der Wahrheit in der *Bibel* ist der Sachbuchautor Walter-Jörg Langbein. In jungen Jahren hatte er Theologie studiert – er wünschte, Pfarrer zu werden und den Menschen die christliche Lehre näherzubringen. So büffelte er auch alte Sprachen, um die Texte im Original lesen zu können. Langbein brachte nicht weniger als 17 Bände mit ungeklärten Rätseln der Archäologie auf den Markt. [44] Dazwischen arbeitete er auf dem Gebiet der vergleichenden Religionswissenschaften und veröffentlichte das Buch *Die Geheimnisse der sieben Weltreligionen*. [45] Sein Lebensthema aber ist der christliche Glaube – schließlich wollte er ursprünglich einmal Priester werden. Doch je mehr er sich kritisch mit seiner Religion befasste, umso enttäuschter wurde er. Im Neuen – und Alten – Testament wimmelte es nur so von unauflöslichen Widersprüchen. Also stellte der ehemalige Theologiestudent ein *Lexikon der Irrtümer des Neuen Testaments* zusammen. Es erschien 2004 in München. Mit seiner Erlaubnis gebe ich zwei Beispiele daraus wieder:

> Der Volksglaube nimmt an, die drei Könige aus dem Morgenland, Caspar, Melchior und Balthasar, hätten das Jesusknäblein besucht. Doch diese Namen tauchen im Neuen Testament gar nicht auf. Bei Matthäus ist lediglich ›von Weisen aus dem Morgenland‹ die Rede. Nächster Widerspruch: Nach Lukas fand die Himmelfahrt von Jesus am gleichen Tag statt wie die Auferstehung – also am Ostersonntag. Die ›Apostelgeschichte des Lukas‹ erzählt eine ganz andere Geschichte. Nach seiner Auferstehung blieb Jesus noch im Kreise der ihm lieben und vertrauten Menschen. Er ›ließ sich sehen unter ihnen 40 Tage lang und redete mit ihnen vom Reiche Gottes‹.

> Die leibliche Mutter von Jesus, Maria, hat auch anderen Kindern außer Jesus das Leben geschenkt. Im Evangelium des Matthäus lesen wir: ›Ist dies nicht der Sohn des Zimmermanns? Heißt nicht seine Mutter Maria und seine Brüder Jakobus und Josef und Simon und Judas? Und seine Schwestern, sind sie nicht bei uns?‹ Im Evangelium nach Markus wird der identische Sachverhalt geschildert: Jesus hatte Brüder und Schwestern. Die aufgezählten Namen der Brüder sind identisch, von einer Ausnahme abgesehen: ›Josef‹ heißt einer der Brüder bei Matthäus, ›Joses‹ bei Markus. Beide Texte erwähnen zwar Schwestern von Jesus, halten deren Namen aber anscheinend nicht für wichtig genug, um sie ebenfalls zu nennen. [46]

Auch die Himmelfahrt von Jesus ist in der *Bibel* nichts Einzigartiges. Im Alten Testament wird – lange vor Jesus – der Prophet Henoch mit seinem Körper von der Erde genommen. Dasselbe geschieht mit Elia. »Und da sie miteinander gingen und redeten, siehe, da kam ein feuriger Wagen mit feurigen Rossen, die schieden die beiden voneinander, und Elia fuhr also im Wetter gen Himmel.«

Im alten Tibet wird sogar ausführlich über eine Himmelfahrt berichtet, die vor den Augen der verblüfften Jünger stattfand. Beim Abschied des großen Lehrers namens Padmasambhva erschien so etwas wie ein feuriges Pferd am Himmel. Dies, während der Lehrer seine Schüler unterwies. Der »große Lehrer« bestieg das himmlische Fahrzeug, drehte sich noch einmal um und sagte zu den Anwesenden: »Mich zu suchen, wird kein Ende sein.« Dann flog er davon.

Als sie hinblickten, sahen sie sein Fahrzeug so groß wie einen Raben: als sie wieder hinsahen, sahen sie es so groß wie eine Drossel, und dann wieder glich es einer Fliege. Und dann erschien es unklar und verschwimmend, so groß wie ein Läuse-Ei. Und als sie wieder hinsahen, da sahen sie es nicht mehr. [47]

Ich bin einer der Millionen von Menschen, die im Christentum aufgewachsen sind. Mit Wärme im Herzen erinnere ich mich an die Gebete und Gesänge, an christliche Feiertage und gemeinsame Erlebnisse mit meinen Studienkollegen. Ich bewunderte die Padres und Professoren, die ihr Leben für die Missionierung der christlichen Botschaft hingaben. Und ich habe keine Gründe, irgendeinem Lehrer oder Priester etwas vorzuwerfen. Sie alle waren überzeugte Persönlichkeiten. Ihr tiefer, aufrichtiger Glaube übertünchte jeden Zweifel. Doch inzwischen weiß ich, dass die *Bibel* keinen einzigen religiösen oder moralischen Gedanken enthält, der nicht bereits in irgendeiner Form in den Überlieferungen anderer Religionen vorkommt. Der Theologe Robert Kehl stellte eine diesbezügliche Dokumentation zusammen und gestattete mir, daraus zu zitieren. [32] Bereits in den Jahrtausenden v. Chr. gab es die verschiedensten Mysterienkulte, die sich in ihren Ansichten teilweise überschnitten. Die Hauptgestalt der einzelnen Religionen war ausnahmslos eine Heilsgestalt, die auch früher schon als »Sohn Gottes« oder »der ewige Herr« bezeichnet wurde. Dabei spielte das Leiden und Sterben des jeweiligen »Meisters« dieselbe Rolle wie im späteren Christentum. Im Namen von Mithras oder Dionysos wurden Kranke geheilt, Tote auferweckt, das Meer beruhigt und sogar Wasser in Wein verwandelt. Die Erlösungslehre im Christentum existierte bereits in vorchristlichen Kulten, und selbst der Grundgedanke einer »vererbten Schuld« kommt schon im antiken Mithraskult vor.

Das Leben der jeweiligen »Gottessöhne« oder Religionsstifter spiegelt sich auch in den fernöstlichen Religionen wider. Das beginnt mit den Prophezeiungen als »Erlöser und Retter der Menschheit« in der zarathustrischen Gemeinschaft. »Die Welt ist voll Erwartung – er ist der Prophet Mazdas.« Oft auch ist von einer jungfräulichen Zeugung die Rede: beispielsweise bei Buddha oder Zarathustra. Auch gab es lange Zeit vor Jesus Geburten in einem Stall, in welchem der Säugling in Windeln gewickelt und in eine Krippe gelegt wurde. Selbst die Hirten und die »himmlischen Chöre« gab es vor Jesus: so etwa im Hinduismus bei der Geburt von Krishna. Auch dort befahl der gerade herrschende König die Tötung aller männlichen Säuglinge – wie im späteren Christentum.

Bei der Taufe von Buddha ereignet sich ein Erdbeben, und ein Gott aus den Wolken verkündet: »Dieses ist mein geliebter Sohn.« Beim Tod von Julius Cäsar sollen die Wolken sich verdunkelt und die Erde gebebt haben. Selbst Verstorbene sollen wieder ins Leben zurückgekehrt sein. Laut *Bibel* wird Jesus verspottet – dasselbe geschah bereits dem leidenden Dionysos. Auch bei ihm werden Kranke geheilt, Greise hüpfen umher, Hungrige werden gesättigt, Blinde werden sehend und Lahme gehen wieder aufrecht. Sogar eine Speisung von 30 000 Menschen kommt bei Dionysos bereits vor.

Wie Jesus bezeichnete sich auch Buddha als »die Wahrheit«. Der Religionsgründer Zarathustra kündigte seine Rückkehr »mit himmlischen Wesen« an. Und auch Krishna hatte längst vor Jesus klargestellt, dass »die Welt ihn nicht verstehe«.

In der nachfolgenden Tabelle (Seite 78–79) vergleiche ich einige Texte aus den Evangelien mit älteren Schriften. (Die Quellen sind folgendermaßen abgekürzt: B = Buddhismus, H = Hinduismus, M = Mysterienreligionen, T = Taoismus, Z = Zarathustrismus.)

Selbst Jesu Versprechungen der Seligkeit während der Bergpredigt kommen ausnahmslos bereits in den Qumran-Schriftrollen der Essener vor.

Nun sind Bibelgläubige davon überzeugt, Jesus sei derjenige, welcher bereits im Alten Testament mehrfach als kommender »Erlöser« angekündigt worden sei. Beispielsweise beim Propheten Jesaja. Dort steht im Kapitel 9, Vers 6:

Denn ein Kind ist uns geboren, ein Sohn ist uns gegeben, und die Herrschaft kommt auf seine Schulter, und er wird genannt Wunderrat, starker Gott, Ewigvater, Friedensfürst. Groß wird die Herrschaft sein, und des Friedens kein Ende auf dem Throne Davids und über seinem Königreich, da er es festigt und stützt durch Recht und Gerechtigkeit von nun an bis in Ewigkeit [...].

Daraus einen christlichen oder meinetwegen jüdischen Erlöser ableiten zu wollen, ist wohl starker Tobak. Nicht nur, weil nach Jesus keinerlei Frieden ausbrach (»und des Friedens kein Ende«), sondern auch, weil von einem »Königreich Davids« die Rede ist, das »bis in Ewigkeit« herrschen soll. Ein »Königreich Davids« existiert seit Jahrtausenden nicht. Dann wieder werden die Sätze des Jesaja in der Gegenwartsform übersetzt – »ein Kind *ist* uns geboren« – dann wieder in der Zukunft – »groß *wird* seine Herrschaft sein«. Logischerweise konnte das erwartete Kind zu Jesajas Zeiten noch nicht auf der Welt sein. Dazu muss man wissen, dass die hebräische Schrift, in welcher diese Texte vorliegen, eine reine Konsonantenschrift ohne Vokale war. Es existierten also nur Buchstaben wie R, S, T und V, aber keinerlei A, E, I, O und U. »In dieser Schriftform gibt es keine grammatikalische Zukunftsform.« [48] Im ältesten zitierten Text gab es das *Imperfekt* (unabgeschlossene Vergangenheit) oder das *Perfekt* (die vollendete Gegenwart). Ein *Futurum* (die Zukunftsform) existierte nicht. Je nach Sinndeutung des Übersetzers kann man in dem Geschriebenen eine Zukunftsform sehen. Wobei die Gelehrten auch beim Propheten Jesaja nicht einig sind, welche Sätze nun tatsächlich von Jesaja stammen und welche nicht. Meint ein Fachmann, das ur-

Evangelien	Andere Schriften
Dir, Herr, ist niemand gleich.	Keiner gleicht dir in der Welt. (H)
Denn dein ist das Reich und die Kraft und die Herrlichkeit in Ewigkeit.	Euer ist die Herrschaft und euer ist die Macht. (Z)
Du aber bleibst derselbe und deine Jahre nehmen kein Ende.	O Ahura Mazda, der du ewiglich derselbe bist. (Z)
Was krumm ist, soll gerade werden.	Was krumm ist, wird gerade gemacht. (T)
Euch ist der Heiland geboren.	Euch ist der Heiland geboren. Die Jungfrau hat geboren. (M)
Gebenedeit bist du unter den Frauen.	Erhaben über alle Frauen bist du. (B)
Wer mich sieht, sieht den, der mich gesandt hat.	Wer mich sieht, der sieht die Lehre. (B)
Denn Gott hat seinen Sohn nicht in die Welt gesandt, um die Welt zu richten, sondern, damit die Welt durch ihn gerettet werde.	Denn nicht, um zu schaden oder zu strafen, sondern, um die Welt zu retten, ist Herakles da. (M)
Ich bin das Licht der Welt.	Ich bin das Auge der Welt. (B)
Die Zeit ist erfüllt.	Die Zeit ist erfüllt. (M)
Geht hin und lehret alle Völker […] und lehret sie halten alles, was ich euch befohlen habe.	Was ihr von mir gesehen und erfahren habt, das sollt ihr allen Menschen verkünden. (H)
Wer Ohren hat zu hören, der höre.	Wer Ohren hat, höre das Wort und glaube. (B)
Wer sucht, der findet.	Wer sucht, wird finden. (T)
Wer die Hand an den Pflug legt und zurückschaut, ist nicht tauglich für das Reich Gottes.	Denn wer beschäftigt ist, ist untauglich das Reich zu nehmen. (T)
Die Sünde herrscht über die Menschen.	Die Sünde herrscht frei über sie. (H)

Evangelien	Andere Schriften
Wenn Gott für uns ist, wer wird wider uns sein?	Von Gott holen wir Kraft. Wer will wider uns sein? (Z)
Wer ihm vertraut, der wird nie verlorengehen.	Wer mir vertraut, wird niemals verlorengehen. (H)
Euer Vater weiß, was ihr bedürft, ehe ihr ihn bittet.	Denn im Voraus weiß ich deine Fragen und Klagen. (Z)
Was ihr wollt, dass euch die Leute tun, das tut auch ihr ihnen.	Was du am Nächsten tadelst, das tue du selbst auch nicht. (H, Z, T)
Liebe deinen Nächsten wie dich selbst.	Andere soll man lieben wie sich selber. (M, T, B)
Selig sind die Barmherzigen.	Wer mit Barmherzigkeit kämpft, der siegt. (T)
Wenn ihr denen leiht, von denen ihr etwas zurückerwartet, was für einen Dank habt ihr?	Erweise den Menschen eine Gunst, ohne dafür etwas zu erwarten. (T)
Wenn ihr nicht werdet wie die Kinder [...].	Lasst fahren Gedanken und Denken und werdet ganz wie die Kinder. (Z)
Denn wer sich selbst erhöht, wird erniedrigt werden.	Wer hochfahrend ist, wird herniederkommen. (T)
Und wer verlässt [...] Weib oder Kinder [...] um meines Namens willen [...].	Wahres Wissen ist nur dies: Befreiung von Weib und Kind [...]. (H)
Selig sind, die reinen Herzens sind, denn sie werden Gott schauen.	Selig hier und selig nach dem Tode, wer reinen Herzens ist. (Z)
In meines Vaters Haus sind viele Wohnungen.	Der Engel hat für uns schöne Wohnungen bereitet. (Z)
Das Himmelreich ist in euch.	Der Himmel ist in dir (B)
[...] der bleibt in mir und ich in ihm.	Bleibe ewig bei mir in meiner Seele. (M)
Frau, warum weinst du? Ich fahre zu meinem Vater in den Himmel.	Klage nicht Mutter, ich gehe in den Himmel hinauf. (M)
Vater, in deine Hände befehle ich meinen Geist.	Nimm meinen Geist zu den Sternen auf. (M)
Es ist vollbracht.	Es ist vollbracht. (M, B)

sprüngliche Buch Jesaja sei »durch Umordnungen, Ausschaltungen und Einschübe aufs stärkste umgestaltet worden«, so behauptet ein anderer genau das Gegenteil, und ein Dritter bestreitet »entschieden«, dass die Sprüche des Jesaja »überhaupt je als Sammlung für sich bestanden haben«. [49] Keiner weiß, was richtig ist – doch jeder beharrt auf seiner Deutung.

Bei Jesaja gibt es noch zusätzliche Stellen über die Ankündigung eines kommenden Erlösers. Für den Skeptiker hier die Passagen: 8, 23; 9, 1–6; 11, 1–10; 35, 4–10; 40, 1–5; 42, 1–7; 49, 1–12. Doch bei all diesen Bibelstellen taucht nirgendwo ein auch nur halbwegs überzeugender Hinweis auf einen Jesus als Messias auf. Schon das Wörtchen »Jesus« existiert bei Jesaja nicht. Zumindest nicht im Original des Alten Testaments.

Weitere Passagen aus der *Bibel* ändern nichts daran. Da werden Sprüche und Lieder aus Salomons Psalmen zitiert, die zwar oft von einem kommenden Königreich in Israel oder dem Hause David künden, nur nirgendwo von einem Jesus. Selbst der Prophet Daniel muss herhalten, um einen angekündigten Messias möglich zu machen. Doch Daniels Texte sind diesbezüglich genauso nebulös wie die seiner Kollegen. Als prägnantestes Beispiel wird Daniel, Kapitel 7, Vers 13 angeführt. Dort steht:

> *Ich schaute in den Nachtgesichten, und siehe, mit den Wolken des Himmels kam einer, der einem Menschensohn glich, und gelangte bis zu dem Hochbetagten, und er wurde zu ihm geführt. Ihm wurde die Macht verliehen und die Ehre und das Reich, dass die Völker aller Nationen und Zungen ihm dienten. Seine Macht ist eine ewige Macht, die niemals vergeht und nimmer wird sein Reich zerstört.*

An keiner Stelle dieses Textes wird ein Jesus angekündigt, und *nach* Jesus ist weder eine einzigartige Macht noch ein Reich hervorgegangen, das »nimmer zerstört wird«. Das wissen selbstverständlich auch die gutgläubigen Bibelexegeten. Deshalb erdachte man ein »ewiges Reich« *nach dem jüngsten Tag.* Was bislang nicht eintraf, musste schließlich irgendwann noch kommen. Oder? Also suchte man im Alten Testament nach weiteren Zeugnissen, welche einen Messias ankündigen, und wurde sowohl beim Propheten Micha wie auch beim Propheten Hesekiel fündig. Bei Micha ist im 34. Kapitel von einer »zukünftigen Schafherde« die Rede, über welche »ein einziger Hirt aus dem Hause Davids« herrschen werde. Und bei Hesekiel (Kap. 37, 21 ff) liest man die üblichen Versprechungen auf ein siegreiches Israel, dem alle anderen Völker zu Füßen liegen. Hieraus ein Auszug:

> *So spricht Gott der Herr: Siehe, ich werde die Söhne Israels herausholen aus den Völkern, unter die sie gegangen sind, und sie von allen Seiten her sammeln und sie heim in ihr Land führen. Ich werde sie im Lande und auf den Bergen Israels zu einem Volk machen, und sie sollen alle nur einen König haben [...]. Sie sollen nicht mehr zwei Völker sein und nicht mehr in zwei Reiche sich trennen [...]. Dann werden sie ein Volk sein und ich werde ihr Gott sein. Und mein Knecht David wird über sie König sein, und sie werden alle einen Hirten haben [...].*

Wie kann man aus diesem Text einen Beweis für den zukünftigen Jesus von Nazareth herauslesen? Nichts weiter als fromme Wunschträume, geschrieben in einer Zeit, in welcher es Israel sehr schlecht ging. In ihrer leidvollen Geschichte erhofften sich die Israeliten immer wieder eine Zukunft, in welcher ihr Königreich »aus dem Hause Davids« neu entstehen und ihr Gott wieder unter ihnen wohnen würde. Am Rande: Die orthodoxen Juden von heute berufen sich exakt auf solche Textpassagen, die ihre politische Führung nicht selten vor Probleme stellt. Die Texte des Propheten Hesekiel, auf die hier Bezug genommen wird, sind im Übrigen ein Kunterbunt von redaktionellen Überarbeitungen und Einschüben diverser Autoren aus unterschiedlichen Zeiten. Um daraus einen kommenden Jesus als Messias ableiten zu wollen, ist wohl sehr viel blinder Glaube nötig.

Schließlich bleiben noch die apokryphen Bücher der Propheten Henoch, Baruch und Esra, die ebenfalls einen kommenden Erretter ankündigen. Bei Henoch – so die Fachwelt – sollen die Kapitel 38 bis 71 den kommenden »Menschensohn« ankündigen. Das liest sich so:

> Er antwortete mir und sagte: Dies ist der Menschensohn, der die Gerechtigkeit hat, bei dem die Gerechtigkeit wohnt und der alle Schätze dessen, was verborgen ist, offenbart; denn der Herr der Geister hat ihn auserwählt, und sein Los hat vor dem Herrn der Geister alles durch Rechtschaffenheit in Ewigkeit übertroffen. Dieser Menschensohn, den du gesehen hast, wird die Könige und die Mächtigen von ihren Lagern und die Starken von ihren Thronen sich erheben machen; er wird die Zügel der Starken lösen und die Zähne der Sünder zermalmen. Er wird die Könige von ihren Thronen und ihren Königreichen verstoßen [...]. [50]

Hier wird eindeutig ein zukünftiger »Menschensohn« als Retter angekündigt. Doch von einem Jesus ist nirgendwo die Rede. Nicht anders verhält es sich bei den angeblichen Prophezeiungen in den Büchern Baruch und Esra – es taucht kein Jesus auf. Also zieht man sogar die sogenannten *Testamente der zwölf Patriarchen* als Zeugnisse für einen kommenden Jesus hinzu. Dabei handelt es sich um Texte, die erst in einer nachchristlichen Zeit umgeschrieben wurden. Als letzter Nachweis sollen die *Sibyllinischen Bücher* den kommenden Jesus ankündigen. Ich habe sie gelesen: Keine Spur von einem Jesus von Nazareth oder Bethlehem.

Durch all diese religiösen Texte glimmt die Hoffnung auf ein phänomenales Ereignis, das sich irgendwann in der Zukunft abspielen soll. Durchaus verständlich für ein leidendes Volk wie die damaligen Israeliten. Dabei liegt der Ort der zukünftigen Handlung bei den Propheten eindeutig auf der Erde, bei den Apokalyptikern hingegen irgendwo außerhalb. Dazu vermerkt der Theologe Werner Küppers:

> *Das Licht dieser Hoffnung strahlt auf einem dunklen Grunde, und in seinem Brennpunkt erscheint in wechselnder Gestaltung eine geheimnisvolle Persönlichkeit: der Menschenartige, jener Menschensohn.* Der Auserwählte der Gerechtigkeit, der Stern des Friedens, der neue Priester, der Messias; *eine rein zufällige Größe, mehr als Mensch und doch weder einfach Engel noch Gott [...] wie ist eine Gestalt von solch einzigartigen Umrissen zu fassen?* [51]

Wie? In der jüdischen Überlieferung bleibt der kommende Messias »ein Mensch von menschlicher Abstammung«. [52] Oft sogar nicht einmal als Persönlichkeit, sondern als das Volk Israel schlechthin. Anders in der christlichen Theologie. Dort wird die Messiasgestalt mit dem »Gottessohn« gleichgesetzt. Doch sowohl in der christlichen wie in der jüdischen Überlieferung bleibt eine Frage unbeantwortet: Woher kommt eigentlich diese Messiaserwartung?

Der Gedanke existierte bereits vor den Prophetentexten. Sowohl die Propheten wie auch die späteren Redakteure übernahmen ein uraltes Gedankengut: nämlich die Hoffnung einer Menschengruppe auf ein besseres Leben in der Zukunft.

Dazu der Theologe Ludwig Dürr:

> *Die Heilserwartungen sind uralt und gehen lange über die Propheten hinaus.* [53]

Leo Landmann, seines Zeichens Professor für Theologie, vertritt die Auffassung, die Israeliten hätten der Welt drei Geschenke hinterlassen:

> *Den Monotheismus, die moralischen Grundsätze (= Zehn Gebote) und die wahren Propheten. Dem muss ein viertes Geschenk beigefügt werden: der Glaube an den Messias.* [54]

Landmann hält den jüdischen Glauben für den ursprünglichsten. Verständlich, dass christliche Theologen dem widersprechen. So versichert der Theologe H. W. Schomerus:

> *Zur Stärkung und Erbauung der christlichen Gemeinde gehört die Gewissheit von der Überlegenheit des Christentums über alle anderen Religionen, ja, von der Absolutheit derselben.* [55]

Wie hätten wir's denn gerne? Um die christliche Heilslehre als »absolut überlegen« einzustufen, gehört wohl eine starke Portion Glauben. Andere Religionen sind über Jahrtausende älter als das Christentum und alle – ausnahmslos – warten sehnsüchtig auf die Zeichen am Himmel und die versprochene Wiederkunft ihres jeweiligen Heilsbringers. So wird im *Koran*, dem heiligen Buch der Muslime, Jesus ausdrücklich als Prophet erwähnt, doch niemals als Messias oder gar Gottes Sohn bezeichnet. In Sure 19 wird dies unmissverständlich festgehalten:

Und sie [die Ungläubigen] sprechen: Der Gnadenreiche hat sich einen Sohn beigesellt. [Vers 89] *Wahrhaftig, ihr habt da etwas Ungeheuerliches getan!* [Vers 90] *Während es dem Gnadenreichen nicht ziemt, sich einen Sohn beizugesellen.*

Einzig und allein die Christenheit glaubt an Jesus als Messias und Erlöser. Alle anderen großen Weltreligionen wollen davon nichts wissen. Im höchsten Grad verblüffend auch dies: Alle Religionen haben hervorragende Wissenschaftler, kluge Denker und geistreiche Analytiker hervorgebracht. Und alle Religionen unterhalten Hochschulen mit einem Heer von mehrsprachigen Gelehrten. Und obschon diesen superklugen Fachleuten *dasselbe* Basismaterial zur Verfügung steht, gelangen sie zu vollkommen unterschiedlichen Auffassungen. Sowohl das Judentum wie auch der Islam und das Christentum berufen sich bei ihren Analysen auf *dieselben* Propheten des Altertums. Abraham, Salomon, David und so weiter. Doch ihre Antworten könnten unterschiedlicher nicht sein. Weshalb? Weil jeder nur seiner Religion und damit seinem Glauben dient. Trotz Hochschulstatus sollte der Theologie keine Wissenschaftlichkeit zugestanden werden. Das Wort Theologie setzt sich aus theós = Gott und lógos = Wort zusammen. Das »Wort Gottes«. Und das wiederum ist eine Glaubensfrage.

Auch der Islam kennt »den jüngsten Tag« und »das letzte Gericht«. In Sure 21, Vers 105 des heiligen *Koran* ist zu lesen:

> *An dem Tage, an dem wir die Himmel zusammenrollen werden, wie die Schriftrollen zusammengerollt werden. Wie wir die erste Schöpfung begannen, werden wir sie erneuern.*

Auch zu den »Posaunen« in der Apokalypse gibt es den dazu passenden Vers aus dem *Koran:* (Sure 20, Vers 103)

> *An dem Tage, an dem die Trompete geblasen wird. An jenem Tage werden wir die Schuldigen versammeln, die Blauäugigen.*

Sure 17, Vers 59 vermerkt sogar, es würde keine Stadt geben, die vor dem Tag der Auferstehung und der Züchtigung nicht vernichtet werde.

Und *wann* soll all dies geschehen? Niemand weiß es.

> *Nein, es wird über sie kommen unversehens, sodass es sie in Verwirrung stürzt; und sie werden es nicht abwehren können, noch werden sie Aufschub erlangen.* (Sure 21, Vers 41)

Schöne Aussichten für die Menschheit. Und bei diesen vagen Behauptungen verständlich, dass jede Theologieschule ihre eigenen Weisheiten daraus zimmert. Aber ich schrieb es bereits: Theologie ist keine Wissenschaft.

Selbstverständlich kennt auch der Islam den Gedanken an einen Messias, einen Erleuchteten, der da kommen wird. Dieser islamische Messias heißt Mahdī. Sowohl Mohammed, der Prophet, als auch die verschiedenen Imame nach ihm verkündeten die Wiederkunft dieses Mahdī. Dabei versichern die großen Lehrer des Islam mehrfach, es sei falsch, über einen Zeitpunkt der Wiederkehr des Mahdī zu spekulieren, denn dies sei ein Geheimnis, das einzig und alleine Allah kenne. Genau wie im Judentum und im Christentum füllt die Literatur über den Mahdī Bibliotheken. Es gibt nichts, was darüber nicht schon geschrieben worden wäre. Einmal erkundigte sich ein Fremder beim fünften Imam, Muhammad al-Bāqir, nach den Zeichen vor der Wiederkunft. Der Imam antwortete:

Es wird sein, wenn die Frauen sich wie Männer benehmen und die Männer sich wie die Frauen. Und wenn die Frauen mit gespreizten Beinen auf gesattelten Pferden sitzen. Es wird dann sein, wenn falsche Zeugenaussagen angenommen und wahre Zeugenaussagen verweigert werden. Dann, wenn Männer das Blut anderer Männer aus nichtigen Gründen vergießen, wenn sie Unzucht treiben und das Geld der Armen verschleudern.

Nach diesen Kriterien wäre der Mahdī jetzt fällig. Doch in der theologischen Literatur des Islam herrscht derselbe Deutungswirrwarr wie in der christlichen. Auch über das Wann und Wo dieser Wiederkunft ist man sich uneinig. Fest steht: Er soll »in der dreiundzwanzigsten Nacht des Fastenmonats Ramadan wiederkehren. Diese Nacht ist die Nacht der Macht, in welcher der heilige *Koran* enthüllt wird und die Engel Allahs herniedersteigen«, schreibt der islamische Gelehrte Abdulaziz Abdulhussein Sachedina. [57] Im Jahr *welcher* »dreiundzwanzigsten Nacht« bleibt unerfindlich.

Selbst der babylonische König Hammurapi (1728–1686 v. Chr.), der selbstverständlich auch »unbefleckt empfangen« worden sein soll, wird eines fernen Tages wiederkommen. Von Hammurapi stammen die ältesten schriftlich fixierten Gesetze: der Codex Hammurapi. Die über 2 Meter große Dioritstele mit den 282 eingravierten Rechtssprüchen steht heute im Louvre in Paris. Hammurapi behauptet, diese Gesetze vom himmlischen Gott Bel erhalten zu haben. Der König verfasste sogar ein »Vorwort« zu seiner Gesetzessammlung. Darin schreibt er:

> *Der Herr des Himmels und der Erde, Bel, hat mich dazu berufen, Gerechtigkeit im Lande walten zu lassen, die Ruchlosen und Bösen zu vernichten und die Unterdrückung des Schwachen durch den Starken zu verhindern.* [58]

Die Parsen sind eine aus Persien stammende ethnisch-religiöse Gruppe, die den Lehren des Priesters und Philosophen Zarathustra (1. oder 2. Jahrtausend v. Chr.) folgt. Dieser wurde – wieder einer! – »unbefleckt von einer Jungfrau empfangen«. Der höchste Gott im Zoroastrismus ist Ahura Mazda. Er durchfährt das Firmament in einem leuchtenden Himmelswagen, und selbstverständlich wird auch er am Ende der Zeiten wiederkommen. Doch nicht nur Ahura Mazda soll zurückkehren, sondern auch die sogenannten »All-Überwinder«. Das sind unsterbliche Gefährten von Ahura Mazda, und bevor sie auftauchen, soll sich die Erde verfinstern, werden sich Erdbeben ereignen, und es wird ein Stern vom Himmel fallen. Nach der Rückkehr von Ahura Mazda und seinen Begleitern soll ein glückliches Zeitalter anbrechen, in welchem die Menschen unsterblich sind.

Im Hinduismus ist aufgrund der Vielzahl der Götter alles komplizierter. Dort geht es um gigantische Zeitalter, sogenannte Yugas von Hunderttausenden von Jahren. Durch die Reinigung und Verbesserung seines Karmas durchläuft der Mensch zahlreiche Stufen bis zur Vollkommenheit. Dennoch kennt man auch im Hinduismus die Wiederkunft: So soll der Gott Vishnu einst als Krishna wiederkommen und die Erde aus ihrem Schlamassel erretten.

Selbst der Buddhismus kennt die Rückkehr von einem und sogar mehreren Buddhas. Das Wort Buddha bedeutet im Altindischen so viel wie »der Erwachte« oder »der Erleuchtete«. Buddha selbst (circa 560–480 v. Chr.) hieß mit bürgerlichem Namen Siddhartha und entstammte einer begüterten Familie. Als 29-Jähriger hatte er genug von seinem nutzlosen Dasein, verließ seine nepalesische Heimat und suchte nach dem Sinn des Lebens. Zu seiner Zeit existierten bereits verschiedene ältere Religionen mitsamt ihren Mythen und Göttern. Nach seiner Erleuchtung empfand sich Buddha selbst als Inkarnation eines himmlischen Wesens. In seinen Abschiedsreden spricht er von den *zukünftigen* Buddhas. Einer von ihnen würde in einer Zeit wiederkommen, in der Indien mit Menschen vollgepfropft sei. Die Dörfer und Städte wären bevölkert wie Hühnerhöfe. In ganz Indien würde es 84000 Städte geben. In der Stadt Ketumati (dem heutigen Benares) würde ein König namens Sankha leben, der die ganze Welt beherrsche. Und unter der Herrschaft ebendieses Königs würde der erhabene Metteyya (auch Maitreya genannt) erscheinen. Sozusagen ein »Super-Buddha«.

Ganz offensichtlich ist diese Zeit noch nicht angebrochen. In Indien gibt es weder 84 000 Städte, noch regiert in der Stadt Benares ein König namens Sankha.

Als weiteres Beispiel für eine Wiederkunft mag die tibetanische Religion dienen. Nach ihr sollen die ältesten Könige ursprünglich vom Himmel auf die Erde hinabgestiegen sein. Gesar, der erste von ihnen, wurde durch eine »himmlische Erscheinung« gezeugt. Im sogenannten Gyelrap, der Genealogie der Könige von Tibet, werden 27 Herrscher aufgeführt, die allesamt vom Himmel kamen und die Menschheit unterwiesen. Vom Herrscher mit dem unaussprechlichen Namen Padmasambhava ist überliefert, wie er »vor den Augen seiner Jünger inmitten einer Wolke zum Himmel aufstieg«. [59] Und Gesar, der erste unter ihnen, soll sich selbstverständlich periodisch wiederkehrend auf der Erde zeigen.

Rund um den Globus die immer gleiche Geschichte.

In China ist es Konfutse, der wiederkommen soll, um »die Harmonie zwischen Himmel und Erde neu herzustellen«. [60]

Die Aborigines in Australien nennen ihre urzeitlichen Himmelslehrer Ngumyari und Wandinas. »Ihre Wiederkunft wird sehnsüchtig erwartet.« [61]

Bei den Inkas in Südamerika war es Viracocha (auch Huiracotcha) und seine Brüder, die einst vom Himmel kamen und wieder dorthin entschwanden. Auch diese »Söhne der Sonne« genannten Götter sollen wiederkehren.

Das Volk der Maya in Zentralamerika brachte es auf den Punkt. Nachzulesen im Buch der Jaguarpriester, dem fünften der Chilam-Balam-Bücher:

> *Sie stiegen von der Straße der Sterne hernieder [...]. Sie sprachen die magische Sprache der Sterne des Himmels [...], und wenn sie wieder herniedersteigen, werden sie neu ordnen, was sie einst schufen.* [62]

Grundsätzlich ist festzuhalten, dass ausnahmslos alle großen Weltreligionen die Wiederkunft eines Messias erwarten. Dieser Heilsbringer wird immer mit den Sternen, dem Firmament, der Ungerechtigkeit auf Erden und einem endgültigen Gericht in Verbindung gebracht. Auch soll er von Engelscharen begleitet sein, in den Wolken thronen und alle Macht besitzen.

Schließlich gibt es noch den Jainismus, eine in Indien beheimatete Religion, von der ihre Anhänger sagen, sie sei die älteste der Menschheit und gleich Millionen Jahre alt. Im Jainismus existieren schwindelerregende Zeitalter, in welchen immer neue Propheten auftauchen. Ihre Zeitrechnungen sprengen jede Vorstellung. Die kleinste Zeiteinheit bei den Jainas ist ein Samaya, und dies entspricht der Zeitspanne, während welcher sich ein Atom dreht. Unzählige dieser Samayas bilden 1 Avalika, und 1 677 216 dieser Avalikas ergeben 1 Muhurta. Dies entspricht 48 unserer Minuten. 30 Muhurtas machen 1 Ahoratra, und dies entspricht genau einem Tag und einer Nacht bei uns. Kompliziert? Wenn 48 Minuten (= 1 Muhurta) mit 30 multipliziert werden – denn 30 Muhurtas ergeben einen Tag und eine Nacht –, so erhält man 1440 unserer Minuten. 24 Stunden zu

60 Minuten ergeben 1440 unserer Minuten. Es wird noch toller: 15 Ahoratras ergeben 1 Paksha (= einen halben Monat). 2 Pakshas = 1 Masa oder 1 Monat. Und so weiter und so fort! Die Rechnerei der Jainas reicht bis hin zu 77-stelligen Zahlen. Darüber hinaus enthalten die Zeitwerte Begriffe, die mit unseren Lichtjahren verglichen werden können. Eine dieser Strecken umfasst 9 500 000 000 000 Kilometer. Und in diesen verwirrenden Strecken und Zeiten erschienen die jeweiligen Propheten der Jainas. Der erste hieß Rishabha und wandelte vor sagenhaften 8 400 000 (= acht Millionen und vierhunderttausend) Jahren auf der Erde. Gemäß der Evolutionstheorie existierten damals aber noch keine Menschen. Der letzte dieser Propheten, Arishtanemi, beglückte unsere Erde vor 84 000 Jahren mit seiner Anwesenheit, während der aktuellste derzeit unter uns leben soll.

Und jetzt wird's ganz seltsam – und gleichzeitig in höchstem Grade verblüffend: Für ihre gigantischen Zeitepochen liefern die Jainas Zahlen – aber *die gleichen* Zahlen tauchen auch auf der Altbabylonischen Königsliste auf.

Diese Liste, eingraviert auf einem Steinblock mit der Bezeichnung WB 444, der heute im British Museum in London liegt, zählt die babylonischen Urkönige mitsamt ihren Regierungsjahren auf. In nachfolgender Tabelle müsste auch dem Laien etwas auffallen:

Die Sache mit der Bibel | 93

Königsliste	Jaina-Yugas
Anu = 4320	Kali Yuga = 432 000
Enlil = 3600	Kali Yuga B = 360 000
Ea = 2880	Deva Yuga = 288 000
Sin = 2160	Trata Yuga = 216 000
Samas = 440	Dvapara Yuga = 144 000
Adad = 43 200	Maha-Yuga= 4 320 000

Etwas gemerkt? Wenn die Nullen weggestrichen werden, sind die Ziffern dieselben. Auf diese höchst verblüffende Tatsache stieß der Altorientalist Alfred Jeremias schon vor 90 Jahren. [63] Die Zahl 4 320 000 des Maha-Yuga (= großes Zeitalter) ist identisch mit derjenigen des dritten, *vorsintflutlichen, babylonischen* Urkönigs En-me-en-lu-an-na. Der herrschte 12 Sar, und dies entspricht 43 200 Jahren. Oder die Zahl 288 000 des Deva-Yuga entspricht der Zahl des sechsten Urkönigs mit dem herrlichen Namen En-sib-zi-an-ma. Der schaffte immerhin 8 Sar und das sind 28 800 Jahre.

Doch es wird noch verrückter: In Griechenland findet man den ältesten Hinweis auf ein Weltzeitalter beim Dichter Heraklit. Der nennt die Zahl 10 800 000 Jahre. Dieselben Ziffern entsprechen der zweiten Periode der babylonischen Urkönige: nämlich 30 Sar oder 108 000 Jahre.

Es wird offensichtlich: Irgendwann in grauer Vorzeit muss eine einheitliche Lehre existiert haben. Und dieser gemeinsame Ursprung kann nur sehr tief in der Vergangenheit liegen – wäre es anders, so würden die Geschichtsbücher davon berichteten. Und bereits in jener ursprünglichen Auffassung existierte ein Wiederkunftsgedanke. Betrachtet man diese Hoffnung auf Rückkehr aus einem neuzeitlichen Blickwinkel, so ergibt sie sogar Sinn.

Wie? Irgendwann hatten Außerirdische unsere Erde besucht. (Ich komme darauf zurück.) Bei ihrem Abschied versprachen jene Fremden, wieder auf unseren Planeten zurückzukehren. Nach langer, langer Zeit, denn die riesigen Distanzen im Kosmos lassen sich nicht in einigen Jährchen überwinden. Eines ist sicher: Der Wiederkunftgedanke ist uralt und wurde von allen Kulturen von Generation zu Generation überliefert. »Aus dem Himmel« soll der lang ersehnte Heilsbringer zurückkehren. Begleitet von himmlischen Wesen. Was sonst?

Und Jesus? Lebten nicht Billionen von grundehrlichen Menschen im Glauben an einen Sohn Gottes? Im Glauben an eine einzigartige »unbefleckte Empfängnis«, im Glauben auch an den unvergleichlichen Messias? Und dann stellt sich heraus, dass es Jahrhunderte und Jahrtausende vor Jesus bereits jede Menge »unbefleckter Empfängnisse« gegeben hatte? Und dass andere Religionen – lange vor dem Christentum – irgendwelche Heilsbringer verehrten? Welche Rolle spielt nun Jesus in diesem Wirrwarr von »Messiassen«?

Nach heutigem Wissensstand, und der ist recht sauber zementiert, wuchs Jesus bei den Essenern auf. Nach der Hinrichtung nahmen die Essenerbrüder den zerschundenen Leib vom

Kreuz, brachten ihn in ihr Kloster und pflegten ihn gesund. Der Jüngling am Grab, welcher den »Weibern« sagte, »was sucht ihr den Lebendigen unter den Toten«, war ein Glaubensbruder von Jesus. Jesus selbst hatte gelernt, Qualen auszuhalten. Wieder genesen zeigte er sich seinen Jüngern, »doch einige zweifelten«. Jesus durfte sich nicht mehr in der Öffentlichkeit aufhalten – die Römer hätten ihn sofort verhaftet. Also zog er Richtung Osten: weg vom römischen Imperium. Er gelangte ins Hochland des heutigen Kaschmir in Indien. Dort lebte ein verlorener Stamm der Israeliten. Jesus verstarb hochgeachtet und bewundert von seinen Anhängern. Sein Grab liegt in Srinagar.

Diese Geschichte habe ich ausführlich in meinem Buch *Was ich jahrzehntelang verschwiegen belegt.* [64] Dort zitiere ich auch uralte Dokumente aus dem Staatsarchiv von Kaschmir, die sogar ein Gespräch von Jesus mit dem damaligen Herrscher von Kaschmir, Raya Shalewahin, wiedergeben. Auch zeige ich Bilder vom Grab von Jesus – aufgenommen im Jahr 1974. Heute berichten mir Touristen, die meinen Spuren nach Kaschmir folgten, neuerdings würde die lokale Polizei Aufnahmen des Jesusgrabes verbieten. Ganz offensichtlich wird versucht, die wahre Jesusgeschichte zu vertuschen.

Die Titelfrage dieses Buches lautet: Wozu sind wir auf der Erde? Der Zweck unseres Lebens kann schwerlich darin bestehen, einem Irrtum nachzuhängen. Im Namen dieses Irrtums Kriege zu führen und auf alle anderen Religionen herabzusehen. In den nächsten Jahren wird die Menschheit Kontakt mit Außerirdischen aufnehmen. Wie wollen wir uns diesen vorstellen? Wird der jeweilige Führer der Muslime, der Juden oder der Christen daherkommen und den Besuchern von einem anderen Sonnensystem einreden wollen, nur seine Religion sei die einzig wahre? Oder werden die Politiker der Rechten oder Linken behaupten, nur ihre Auffassung sei die einzig vernünftige auf Erden? Die ETs werden sich angewidert abwenden. Wir werden lernen müssen, dass wir alle Menschen sind. Ob links oder rechts, ob religiös oder nicht, ob farbig oder weiß. Wir Menschen sind die intelligente Spezies auf diesem Planeten. Wir sind die einzige Lebensform, die Kultur hervorbrachte. Die Musik, Malerei, Kunst, Werkzeuge und Wissenschaft entwickelte. Weshalb ausgerechnet *wir* unter den Millionen von Lebensformen auf dem Erdball? Weil die »Götter« *uns* »nach ihrem Ebenbilde« schufen.

Nun verspricht die christliche Religion ihren Gläubigen das Heil *über den Tod hinaus*. Die Seele, so wird gelehrt, bestehe ewig und würde nach dem Tod im Himmel belohnt oder bestraft. Da aber der christliche Glaube an einen Sohn Gottes ein Irrtum ist, kann nach dem Ende unserer irdischen Existenz auch kein Jesus auf die Seele warten, während Heilige uns mit Halleluja und Hosianna willkommen heißen. Der christliche Mensch baut seine innere Gewissheit nicht nur ein Leben lang auf einem Irrtum auf, sondern auch sein Ableben auf einer Illusion. Wie veralbert muss sich ein Bewusstsein, eine Seele oder ein sonst wie gearteter »Geist« vorkommen, wenn nach dem körperlichen Tod nichts von dem stets verheißenen »Heil« existiert? Dabei hatte der Gläubige sich doch auf die christlichen Glaubenssätze verlassen, nach welchen die Kirche »heilsnotwendig« sei. Und dass die *Bibel* »in allen Teilen« heilig und vom Heiligen Geist verfasst worden sei. Der Mensch – verwirrt noch über den Tod hinaus.

Abb. 1: Kreisrunde Anomalie auf dem Mars

Abb. 2: Rechteckige Strukturen auf der Marsoberfläche

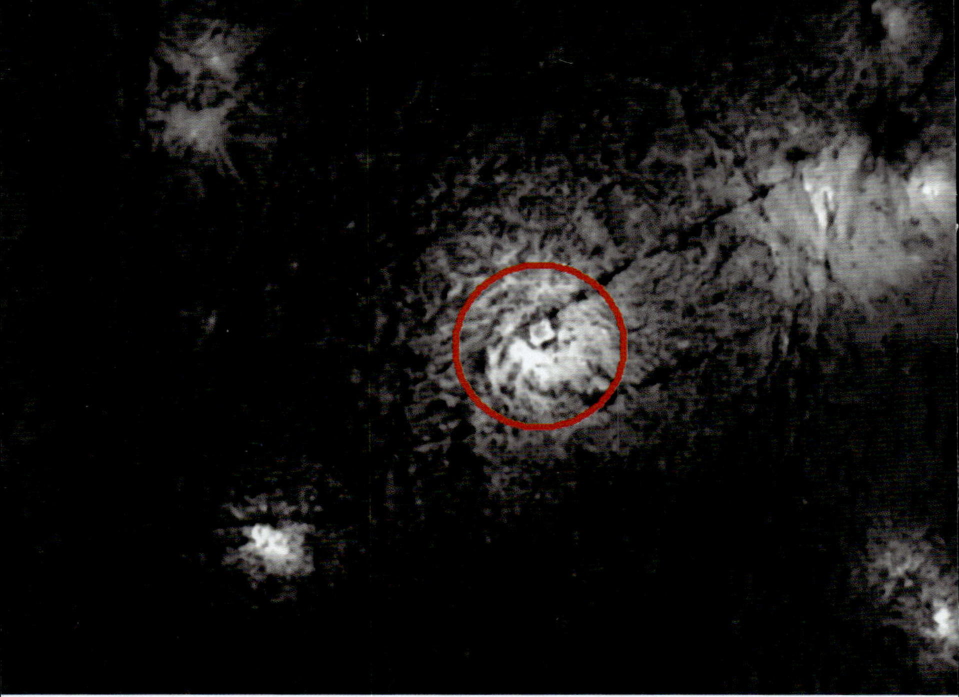

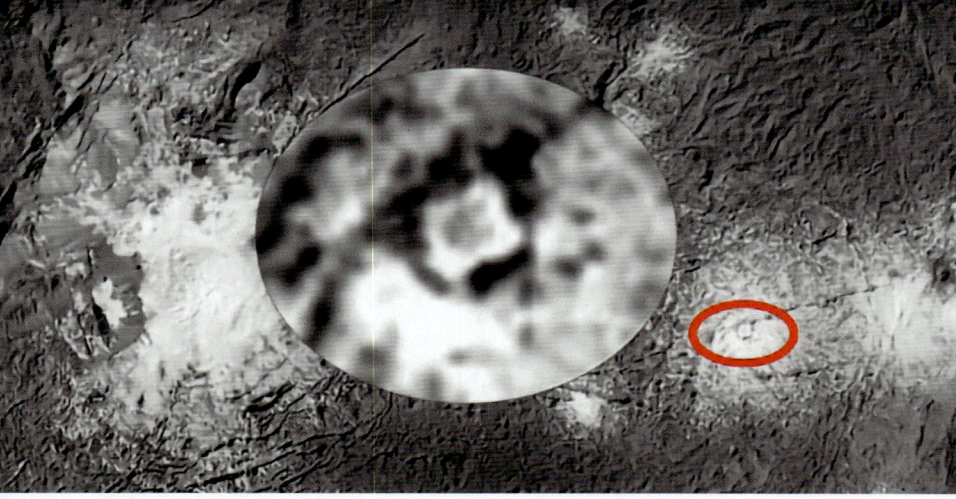

Abb. 3, 4: Rechteckige und quadratische Anomalien auf der Oberfläche des Asteroiden Ceres.

Abb. 5–14: Eindrücke von der Grabungsstätte Göbekli Tepe

Was ist zu tun? Sollen die christlichen Kirchen abgerissen, die Moscheen in Brand gesteckt und die Synagogen verwüstet werden? Nichts von alledem. Jeder Raum, an dem sich Menschen versammeln, um den grandiosen Geist der Schöpfung zu ehren, ist ein Ort der Schwingung, der Verbundenheit mit dem ewigen Universum. Und die Religionen gehören genauso zu unserer Gesellschaft wie die Wissenschaft. Ohne Christentum steckte die Menschheit noch im Mittelalter. Es war die christliche Religion, die unseren Vorfahren klarmachte: Vor Gott sind alle gleich – die entscheidende Voraussetzung für die Abschaffung der Sklaverei. Ohne Christentum gäbe es weder moderne Technologie noch den freien Handel. Christliches Denken erlöste die Menschen auch vom Polytheismus und damit der Rache irgendwelcher Pseudogötter. Im Umfeld von anderen Religionen wären weder ein Philosoph Nietzsche noch Geistesgrößen wie Goethe oder Shakespeare denkbar. Zudem ist das Christentum Sprengstoff für jede Diktatur. Und religiöse Menschen halten sich an einen Moralkodex. Aber der Sinn des Lebens kann nicht darin bestehen, an einen nicht existenten Sohn Gottes zu glauben, der uns von einer nicht existierenden Erbsünde erlöst haben soll.

Wenn schon das Neue Testament auf Irrtümern, Missverständnissen und Fehlübersetzungen beruht, bleibt als Rettungsanker vielleicht das Alte Testament. Die wunderbaren Geschichten von Moses, Salomon, David und all den Propheten. Stimmen wenigstens die? Ist der Zweck unseres Lebens in den heiligen Schriften des Judentums zu suchen, aus dem das Christentum einst hervorgegangen ist? Ist es am Ende jener Bibelkanon des Alten Testaments, der uns lehren könnte, wie wir leben sollen?

Glaube gegen Irrtümer

Wie war das noch gleich? Die Geschichte des Alten Testaments soll doch von demselben Gott ausgegangen sein, der sich auch im Neuen Testament offenbarte. Und die *Bibel* enthalte »ausnahmslos Vollzugsberichte eines Wortes Gottes«. So Professor Jacques Guillet. [29] Da sollen – und jeder Bibelleser weiß es – die Israeliten aus Ägypten ausgezogen und 40 Jahre durch die Wüste bis ins gelobte Land gewandert sein. Nichts davon stimmt, beweist der unermüdliche Theologe Walter-Jörg Langbein. [65]

Im Alten Testament wird von einem Großreich des Königs David berichtet – das so wenig existierte wie größere palästinensische Siedlungen. Wurden die Mauern der mächtigen Stadt Jericho durch die Posaunen der Israeliten zerstört, wie die *Bibel* berichtet? Unsinn. Jericho lag längst in Ruinen, als die Israeliten vorbeizogen. Würden derartig ungeheuerliche Feststellungen von mir stammen, so müsste ich damit rechnen, weltweit als Antizionist verunglimpft zu werden. Doch die archäologisch einwandfrei belegbaren Tatsachen stammen ausgerechnet vom *jüdischen* Archäologen Israel Finkelstein. [66, 67]

Das Neue ist genauso wenig wie das Alte Testament das Werk eines einzigen Verfassers, stellt Langbein (und andere) fest. »Ursprünglich gab es eine Vielzahl von einzelnen, meist kurzen Schrifttexten, die zu unterschiedlichen Zeiten von unterschiedlichen Verfassern über unterschiedliche Themen geschrieben wurden.« Mauro Biglino, langjähriger Übersetzer alter Texte in der Vatikanischen Bibliothek in Rom, stellt fest: »Bei allem Respekt ist die Kerngeschichte der *Bibel* lediglich eine Art Kopie der Sumerisch-Akkadischen Originale aus den Überlieferungen der Bücher *Atra-hasis*, *Enuma Elish* und dem *Gilgamesch Epos*. Wir wissen nicht mal, wer die *Bibel* verfasst hat, geschweige denn wann und in welcher Originalsprache. Zur Zeit eines Moses existierte keine hebräische Sprache.« [68] Dazu kommen die unzähligen Einschübe irgendwelcher Autoren, die aus einem ursprünglichen Gottesgedanken ein rachsüchtiges, mörderisches Monstrum schufen. Der gläubige Christ sieht im Gott der *Bibel* einen besorgten Vater, der seine Schützlinge führt. Den »lieben Gott« eben. Doch im Alten Testament ist Gott nichts Spirituelles, sondern ein tausendfacher Mörder, der alles abschlachten lässt, was ihm nicht passt. Inklusive Kinder. Oft mordet »der Herr« persönlich, dann wieder befiehlt er es irgendeinem israelitischen Stamm. Nachfolgend einige Beispiele:

Die Israeliten kamen von beiden Seiten und schlugen sie, bis niemand unter ihnen übrigblieb, der entflohen und entronnen wäre. (Josua 8, 22)

Und als die Israeliten alle Bewohner von Ai auf freiem Felde, am Abhang, wo sie ihnen nachgejagt, niedergemacht hatten, alle bis auf den letzten Mann. (Josua 8, 24)

Und derer, die an jenem Tage fielen, Männer und Frauen, waren im ganzen 12 000, alle Leute von Ai. (Josua 8, 25)

Den König von Ai aber ließ er an den Pfahl hängen bis zum Abend. (Josua 8, 29)

Danach ließ Josua sie totschlagen und an fünf Pfähle hängen. (Josua 10, 26)

Auch Makkeda [...] schlug er, ohne jemand übrig zu lassen [...], und schlug alles Lebendige, das darin war, ohne jemand übrig zu lassen. (Josua 10, 28 ff)

Aber Josua schlug ihn mitsamt seinem Volke, dass nicht ein Einziger übrig blieb. (Josua 10, 33)

Danach zogen Josua und ganz Israel mit ihm nach Eglon. Und sie belagerten und bekriegten es. Und [...] sie schlugen es mit der Schärfe des Schwertes [...] und allem Lebenden, das darin war, ohne jemand übrig zu lassen. (Josua 10, 35 ff)

Danach wandte sich Josua nach Debir [...] und sie schlugen es [...], ohne jemand übrig zu lassen. (Josua 10, 38 ff)

Also schlug Josua das ganze Land, das Gebirge, das Südland, die Niederungen und die Abhänge, ohne jemand übrig zu lassen. (Josua 10, 40)

> *Und diese zogen aus mit ihrem ganzen Heer, ein Volk so zahlreich wie der Sand am Meer und sehr viel Rosse und Wagen [...]. Und [Josua] verfolgte sie bis zu der Hauptstadt Sidon [...] und schlugen sie, dass nicht einer von ihnen übrig blieb.* (Josua 11, 4 ff)

> *Und Josua nahm Hazor ein [...], und sie schlugen alles Lebende, das darin war [...] nichts blieb übrig, das Atem hatte.* (Josua 11, 10 ff)

> *Und alle Beute dieser Städte und das Vieh nahm Israel für sich, nur die Menschen schlugen sie bis zur Vernichtung, nichts Lebendes ließen sie übrig, wie der Herr seinem Knecht Moses befohlen hatte [...].* (Josua 11, 14 ff)

> *»Und Josua kam zu jener Zeit und rottete die Enakiter aus von dem Gebirge von Hebron [...]. Es blieben keine Enakiter übrig [...].* (Josua 11, 21 ff)

Nachdem die Israeliten ein goldenes Kalb gegossen und es angebetet hatten, ließ der wütende »Herr« unter dem eigenen Volk ein unfassbares Gemetzel anrichten.

> *Gehet im Lager hin und her, von einem Tor zum anderen, und tötet alles, Brüder, Freunde und Verwandte. Und die Leviten taten, wie Moses es ihnen befohlen hatte. So fielen an jenem Tage vom Volk an die 3000 Menschen.* (2. Mose 13, 27)

Heute gibt es UN- und Genfer Konventionen, in welchen das Verhalten von Kriegsparteien geregelt wird. Frauen und Kinder müssen verschont bleiben. Nicht so in der »heiligen« Schrift. Getreu einem Befehl, den »der Herr« bereits Moses gegeben hatte, wurde alles niedergemacht, was atmete. Niemand durfte überleben. Anschließend wurde die Beute unter den verschiedenen Stämmen verlost – ausführlich nachzulesen im Buch Josua.

Zum Alten Testament zählt auch das Buch der Richter. Schon zur Einführung wird über eine andere Schandtat berichtet. Die Judäer – ein Stamm Israels – schlugen die Kanaaniter. Gleich 10 000 Mann. Darunter siebzig Könige. Heute würde man sie wohl als Anführer bestimmter Gruppen bezeichnen. Allen siebzig Königen wurde der Daumen und der große Zeh abgeschnitten. Brutal. Als nächstes wird ein Mord verherrlicht.

Als nun Ehud zu ihm hineinkam, während er allein in seinem kühlen Obergemach saß, sprach Ehud: Ich habe einen Gottesspruch für dich. Da erhob er sich vom Stuhle. Ehud aber langte mit der linken Hand nach dem Schwert an seiner rechten Hüfte, fasste es und stieß es ihm in den Bauch, sodass nach der Klinge auch noch das Heft hineinfuhr und das Fett sich hinter der Klinge schloss; denn er zog ihm das Schwert nicht aus dem Bauch. (Richter 3, 20 ff)

Meuchelmord nennt man das heute. Der Ermordete war unbewaffnet. Wenige Abschnitte später erfährt der Leser, dass die Israeliten 10 000 Moabiter erschlugen.

Nicht einer entrann. (Richter 3, 29)

Reihenweise werden die verschiedenen Stämme abgeschlachtet.

> Da stieg Barak vom Berge Tabor herunter und 10 000 Mann ihm nach [...], und das ganze Heer fiel durch die Schärfe des Schwertes. Auch nicht einer blieb übrig. (Richter 4, 14 ff)

> Nimm alle Obersten des Volkes und spieße sie vor dem Herrn im Angesicht der Sonne an den Pfahl, damit der grimmige Zorn des Herrn von Israel ablasse. (4. Mose 25, 4)

> Und sie zogen in den Kampf wider die Midianiter und töteten alles, was männlich war [...], so tötet nun alles, was männlich ist unter den Kindern. Auch alle Frauen, denen schon ein Mann beigewohnt hat, sollt ihr töten. (4. Mose 31, 7 und 17)

Und zum ersten Meuchelmord kam der zweite: Da hatten sich zwei Gruppen versöhnt, der König von Hazor, Sisera mit Namen, und eine Prinzessin von Heber. Die forderte den König auf, bei ihr im Zelt zu schlafen. Ausdrücklich versicherte sie: *Fürchte dich nicht!* Und sie deckte ihn mit einer Decke zu. Nachdem er eingeschlafen war, holte die Dame ...

> [...] *einen Zeltpflock und nahm den Hammer zur Hand. Dann ging sie leise zu ihm hinein und schlug ihm den Pflock durch die Schläfe, sodass er in die Erde drang. Sisera war nämlich vor Ermattung eingeschlafen.* (Richter 4, 21 ff)

Perfide, gemein und hinterlistig. In der *Bibel* wird selbst der Brudermord verherrlicht.

> Dann ging er in seines Vaters Haus nach Ophra und ermordete seine Brüder, die Söhne Jerubbaals, siebzig Männer. Nur Jotham, der jüngste, blieb übrig, denn er hatte sich versteckt [...]. (Richter 9, 5 ff)

Anschließend wurde ein König gesalbt und ein Fest gefeiert. Und all dies im »Buch der Bücher«, der »heiligen« *Bibel*, dem »Wort Gottes«. Doch wie hält die katholische Kirche daran fest? Die *Bibel* lehrt »sicher, getreu und ohne Irrtum.« Das Alte Testament ist streckenweise ein Buch des Grauens, dessen Lektüre man Jugendlichen eigentlich verbieten sollte. Da wird beschrieben, wie die Nebenfrau eines Mannes eine Nacht lang abwesend war und sich am anderen Morgen vor die Türe ihres Herrn legte:

> Da hob sie der Mann auf den Esel, machte sich auf und zog an seinen Ort. Und als er heimkam, nahm er das Messer, ergriff seine Nebenfrau und zerstückelte sie Glied um Glied in zwölf Stücke und sandte diese an alle Gaue Israels.

(Richter 19, 29)

Tatsächlich wissen auch die Bibelgelehrten nicht mit Sicherheit, was nun eigentlich am »Wort Gottes« stimmt, was sich wirklich zugetragen hat und was möglicherweise nur der Wichtigtuerei des betreffenden Autors geschuldet ist.

In der *Bibel* tötet »der Herr« sogar Menschen, die ihm etwas Gutes tun wollen. Im 3. Buch Mose (Leviticus), Kapitel 10, möchten Nadab und Abihu, beides Söhne von Aaron (einem Bruder von Moses) »dem Herrn« ein Opfer darbringen. Dem aber passt das Opfer nicht.

Da ging Feuer aus von dem Herrn, und verzehrte sie, sodass sie vor dem Herrn starben.

Was für ein launenhafter, selbstherrlicher »Gott«, dem kein Menschenleben etwas wert ist? Auch die nachfolgende Schilderung könnte man mit einem verständnisvollen Lächeln übergehen, würden da am Ende nicht (wieder!) 42 000 Mann niedergemetzelt.

Das 12. Kapitel im Buch der Richter beschreibt, wie die Männer von Gilead gegen die Ephraimiten kämpften. Diejenigen von Gilead errichteten eine Sperre über den Jordan. Sowie ein Fremder hinüber wollte, verlangten die von Gilead, der Fremde solle das Wort Schibboleth aussprechen. Offenbar ein Zungenbrecher in ihrem eigenen Dialekt. Sprach der Reisende das Wort nicht korrekt oder nicht mit der richtigen Betonung aus, so wurde er auf der Stelle abgeschlachtet und seine Leiche in den Jordan geworfen. Und das Volk der Ephraimiten, 42 000 Mann, wurde zusätzlich niedergemacht. Genug der Toten im Buch der Richter? Mitnichten, in Kapitel 20 geht das Abschlachten weiter. Da kam es zu einem Streit der Israeliten gegen die Benjamiten. Gleich bei der ersten Kampfhandlung fielen 25 100 Seelen, »lauter schwer bewehrte Männer«. In der Gegend östlich von Gibea verfolgten die Israeliten die Benjamiten und töteten weitere 18 000 Flüchtende. (Richter 20, 35 ff) Das Buch der Richter aus dem Alten Testament hat nichts mit »Rechtsprechung« zu tun – aber viel mit der Vernichtung der Feinde Israels.

Und die Engel? Himmlische geflügelte Wesen? Diener Gottes? Wohlmeinende Helfer der Menschen?

Im 2. Buch der Könige, Kapitel 19, Vers 35, tötet ein einziger Engel gleich 185 000 Assyrer aus der Luft. »Und am anderen Morgen da waren sie alle tot. Lauter Leichen.« Man muss sich das vorstellen: 185 000 Menschen, darunter Frauen und Kinder, werden ausgelöscht. Keine Schlacht, keine Waffen, keine Kampfwagen. Vermutlich waren die 185 000 unbewaffnet. Kurioserweise wird dieses Ereignis auch an einer Wand des Tempels von Edfu, Ägypten, in ähnlicher Form beschrieben. Dort allerdings in Hieroglyphen. Ein göttliches Wesen namens Hor-Hut – gleichbedeutend mit einem Engel – erhebt sich in einer geflügelten Sonnenscheibe in die Luft, um die Feinde des Pharao auszuschalten: »Und nach einem kurzen Zeitraum war kein lebendes Haupt mehr vorhanden.« [68]

Im 2. Buch Samuel, Kapitel 24, Vers 15 bis 17, wurden von einem Engel 70 000 Mann getötet: »Also ließ der Herr Pestilenz in Israel kommen.« Angeblich auf Wunsch von David, der seine eigenen Leute lieber durch die Hand Gottes als durch die Hand von Feinden umbringen ließ. Denn durch die Hand von Menschen zu sterben ist schlimmer, als von Gott umgebracht zu werden. Was für ein Gott? Weshalb hat er in diesem Fall nicht einfach Davids Feinde erledigt? In unzähligen anderen Beschreibungen tat er es doch auch.

Doch in der *Bibel* ist nichts unmöglich, selbst das Absurdeste nicht. Da verlangt König Daniel »keinen anderen Brautpreis als hundert Vorhäute von Philistern.« (1. Buch Samuel 18, 25) Hundert Männer müssen sich also ihren Penis vornehmen und ihm unter Qualen die Vorhaut abtrennen. Mit damaligen Steinmessern? Schließlich konnte man Vorhäute nicht irgendwo »ab Lager« beschaffen. Diese Beschneiderei zieht sich ohnehin durch die ganze *Bibel*. Bereits Abraham erhielt den Befehl, alles, was männlich sei, müsse beschnitten werden. Dies verlangte »der Herr« nicht etwa aus irgendwelchen hygienischen Gründen, sondern weil die Beschneidung den ewigen Bund zwischen Gott und Abrahams Nachfahren bezeuge. Das nachfolgende Zitat aus dem 1. Buch Mose (Genesis) schildert den Beschneidungsbefehl in allen Einzelheiten:

Das aber ist der Bund zwischen mir und euch und deinen Nachkommen, den ihr halten sollt: Alles, was männlich ist unter euch, das soll beschnitten werden, an der Vorhaut sollt ihr beschnitten werden. Das soll ein Zeichen des Bundes sein zwischen mir und euch. Im Alter von 8 Tagen soll alles, was männlich ist unter euch, beschnitten werden. Geschlecht für Geschlecht. Auch der Sklave, der im Hause geborene wie der von irgendeinem Fremden mit Geld gekaufte, der nicht deines Stammes ist, beide sollen beschnitten werden, der in deinem Haus geborene wie der von dir um Geld gekaufte. Das soll mein Bund an eurem Leibe sein, ein ewiger Bund. Ein Unbeschnittener aber, dessen Seele soll aus seinen Volksgenossen ausgerottet werden; meinen Bund hat er gebrochen [...]. Da nahm Abraham seinen Sohn Ismael und alle Sklaven, die in seinem Haus geborenen und alle, die von ihm mit Geld gekauft worden waren, alles, was männlich war unter seinen Hausgenossen, und beschnitt ihre Vorhaut noch am selben Tag, wie ihm Gott geboten hatte. Abraham selbst war 99 Jahre alt, als er an der Vorhaut beschnitten wurde. Sein Sohn Ismael aber war 13 Jahre alt, als er an der Vorhaut beschnitten wurde [...]. Und alles, was männlich war in seinem Hause, der im Haus Geborene wie der von Fremden um Geld Gekaufte, wurde beschnitten. (1. Mose 17, 10 ff)

Heute erklärt man die Beschneidung (Zirkumzision) mit hygienischen Gründen. Tatsächlich aber wurde sie seit dem Altertum ausschließlich wegen der Religion zelebriert. Die heute angewendeten Beschneidungen kamen erst gegen Ende des 19. Jahrhunderts in Mode. Man versuchte dadurch, die Jugendlichen vom Masturbieren abzuhalten, auf dass sie ihr Sperma nur für die Zeugung gesunder Kinder verwenden. Um die Prozedur der Beschneidung gesellschaftsfähig zu machen, wurden hygienische Gründe vorgeschoben. Wobei die Beschneidungspraxis im Alten Testament nicht dieselbe war wie heute. Damals wurde lediglich das Akroposthion, das ist der oberste Teil der Vorhaut, abgetrennt. Die Entfernung der vollständigen Vorhaut, welche heute praktiziert wird, ist Unsinn. Denn das Präputium enthält eine hohe Anzahl spezialisierter Nervenenden, die essenziell sind für das Lustempfinden. Nichts davon wird im Alten Testament erwähnt. Dort geht es ausschließlich um den »ewigen Bund« mit dem ominösen »Herrn«. Was der von einer Beschneidung hatte, bleibt unergründlich. Wobei sogar noch während einer Wanderung spontan beschnitten wurde.

Unterwegs aber, da wo er übernachtete, trat ihm der Herr entgegen und wollte ihn töten. Da nahm Zippora einen scharfen Stein, schnitt ihrem Sohn die Vorhaut ab, berührte damit Moses Lenden und sprach: Mein Blutbräutigam bist du mir. Da ließ er von ihm ab.

Zur Beschneidung muss wohl oder übel der Penis in die Hand genommen werden. Doch »der Herr« wollte das Geschlechtsteil von Mose nie sehen.

> *Du sollst auch nicht auf Stufen zu meinem Altar emporsteigen, damit deine Blöße nicht enthüllt werde.*

Andererseits wimmelt es im Alten Testament von Hygienevorschriften, von denen einige auch das männliche Geschlechtsteil betrafen.

> *Wenn irgendein Mann an seinem Glied mit einem Fluss behaftet ist, so ist er unrein. Und mit seiner Unreinheit steht es so: Ob sein Glied den Fluss triefen lässt oder ob sein Glied verstopft ist, er ist unrein. Jedes Lager, auf dem er liegt, wird unrein, und jedes Gerät, auf dem er sitzt, wird unrein. Und wer sein Lager berührt, der soll seine Kleider waschen und sich im Wasser baden [...], auch jeder Sitz, auf dem der Leidende reitet oder fährt, wird unrein [...], wenn bei einem Mann Samenerguss eintritt, soll er seinen ganzen Leib in Wasser baden [...], und jedes Fell, an das solcher Same kommt, soll mit Wasser gewaschen werden. (3. Mose 15, 1 ff)*

> *Wenn ein Weib Mutter wird und einen Knaben gebiert, so bleibt sie 7 Tage lang unrein. Am 8. Tag soll man den Knaben an der Vorhaut beschneiden [...]. (3. Mose 12, 2)*

Im 3. Buch Mose (Leviticus), ab Kapitel 12, diktiert »der Herr« Moses Anweisungen für jede nur denkbare ansteckende Krankheit. Sein eigenes Volk soll gesund bleiben – der Rest der damaligen Welt mag getrost dahinsiechen. Beispiele?

> *Der Aussätzige soll zerrissene Kleider tragen, die Haare frei flattern lassen und den Bart verhüllen, und er soll rufen: Unrein! Unrein! Abgesondert soll er wohnen, seine Wohnstätte soll außerhalb des Lagers sein. (3. Mose 13, 45 ff)*

*Wenn jemand auf der Haut eine Brandwunde bekommt,
und das wilde Fleisch in der Brandwunde erscheint als
weißrötlicher Fleck [...], so ist es Aussatz, der in der Brandwunde ausgebrochen ist, und der Priester soll den Kranken
als unrein erklären [...]. (3. Mose 24 ff)*

Das »Volk des Herrn« sollte niemals Inzucht betreiben. »Der Herr« wusste sehr wohl, dass aus einer sexuellen Verbindung mit Blutsangehörigen ungesunde Nachkommen hervorgehen können. Also durfte kein Stammesangehöriger mit seiner eigenen Verwandtschaft Geschlechtsverkehr haben.

*Keiner von euch soll sich seinen nächsten Verwandten
nähern, um ehelichen Umgang zu pflegen [...]. Mit Vater
oder Mutter sollst du nicht ehelichen Umgang pflegen [...].
Du sollst mit deiner Schwester nicht ehelichen Umgang
pflegen [...]. Mit der Tochter deines Sohnes oder derjenigen
deiner Tochter sollst du nicht ehelichen Umgang pflegen [...].
Mit der Tochter des Weibes deines Vaters [...], mit der
Schwester deines Vaters [...], mit der Schwester deiner Mutter
sollst du keinen ehelichen Umgang pflegen. Mit deiner
Sohnsfrau sollst du nicht ehelichen Umgang pflegen [...].
Du sollst nicht bei einem Manne liegen, wie man bei einem
Weibe liegt, das wäre ein Gräuel [...]. (3. Mose 18, 6 ff)*

Umgebracht wurde auch jeder, der über seine eigenen Eltern fluchte.

*Denn ein jeder, der seinem Vater oder seiner Mutter flucht,
soll getötet werden. Wenn einer mit dem Weibe seines
Nächsten Ehebruch begeht, so sollen beide, der Ehebrecher
und die Ehebrecherin, getötet werden. Wenn einer bei*

> *dem Weibe seines Vaters liegt, sollen beide getötet werden. Wenn einer bei seiner Sohnsfrau liegt, sollen beide getötet werden. Wenn einer bei einem Manne liegt wie man bei einem Weibe liegt [...], sie sollen getötet werden. Wenn einer mit einem Tiere Umgang hat, so soll er getötet werden, auch das Tier sollt ihr umbringen. Wenn ein Weib sich eines Tier nahet, um sich mit ihm zu begatten, so sollt ihr das Weib und das Tier umbringen [...]. (3. Mose 20, 9 ff)*

Gebote »des Herrn«, alle vorgetragen im »Buch der Bücher« – Vorschriften, die in der heutigen, westlichen Welt nur Hohn und Spott ernten. Insgesamt erließ »der Herr« nicht weniger als 613 dieser Vorschriften. »Offensichtlich war der biblische Gott sehr darum besorgt, sein Volk von ansteckenden Krankheiten oder gar Epidemien fernzuhalten«, stellt der Bibelexperte und Übersetzer Mauro Biglino fest. [69]

Auch entpuppt sich dieser seltsame Gott des Alten Testaments als Egoist mit sehr menschlichen Eigenschaften wie Neid und Eifersucht. Unzählige Male beharrt »der Herr« darauf, er sei ein eifersüchtiger Gott.

> *Ich bin der Herr, dein Gott, der dich aus dem Lande Ägypten, aus dem Sklavenhaus, herausgeführt habe. Du sollst keine anderen Götter neben mir haben. (2. Mose 20, 2)*

> *[...] denn er ist ein heiliger Gott, ein eifersüchtiger Gott [...], wenn ihr den Herrn verlasst und fremden Göttern dient, so wird er sich abwenden und euch Übles tun und euch aufreiben [...]. (Josua 24, 19 ff)*

Ich bin euer Gott, verehrt nicht andere Götter [...].
(Richter 6, 10)

Wer anderen Göttern opfert und nicht dem Herrn allein, der soll dem Bann verfallen. (2. Mose 22, 19)

Denn wenn du ihren Göttern dienest, so würde dir das zum Fallstrick werden. (2. Mose 23, 33)

Du sollst keine anderen Götter anbeten. Denn eifersüchtig ist der Herr, ein eifersüchtiger Gott ist er. (2. Mose 34, 14)

Eines der nach wie vor ungelösten Rätsel aus der *Bibel* ist ein Gegenstand, den man Bundeslade nennt. Ich schrieb schon vor 40 Jahren darüber [70] und griff das spannende Thema auch später mehrmals auf. [71] Was ist so weltbewegend daran? Weshalb kommt diese Bundeslade immer wieder ins Gespräch? Mehrere Autoren befassten sich damit, der US-History-Chanel widmete der Bundeslade eine ganze Sendung, und sogar Abenteuerfilme wie *Indiana Jones* wurden darüber gedreht. Dann sagte das Oberhaupt der koptischen Kirche, der Patriarch Abune Paulos, am 19. Juni 2009 bei einem interreligiösen Treffen in Rom: »Ja, die Bundeslade befindet sich in Axum (Äthiopien). Ich habe sie gesehen, sie stammt nicht von Menschenhand.« [72]

Wie bitte? Wenn die Lade »nicht von Menschenhand«, also nicht irdisch ist, muss sie außerirdisch sein. Unsere Astronomen und Astrophysiker drücken sich doch seit Jahrzehnten um eine klare Aussage über außerirdisches Leben. Wir hätten keine Beweise, wird behauptet, oder ETs könnten die Distanzen von Stern zu Stern ohnehin nie überwinden. Sorry, aber wenn die Bundeslade »nicht von dieser Welt« ist, müssen sie wohl Außerirdische hergebracht haben. Irgendwie. Ich diskutierte dieses Problem der interstellaren Raumfahrt schon vor 50 Jahren mit dem renommierten Ingenieur Josef Blumrich, damals Chef der Konstruktionsabteilung der NASA.

»Kritiker argumentieren«, sagte ich, »Außerirdische könnten uns nie und nimmer besucht haben, weil die Distanzen im Kosmos unüberbrückbar seien«.

Josef Blumrich schaute mich lächelnd an. »Umgekehrt«, antwortete er. »Wir haben genügend Beweise, dass Außerirdische vor Jahrtausenden die Erde besuchten, also müssen sie das Problem der Distanzen gelöst haben.«

Richtig. Schließlich könnten uns Außerirdische um Tausende von Jahren voraus sein. Über welche Technologien in der Raumfahrt werden *wir* in 1000 Jahren verfügen?

Was seine Exzellenz, der Patriarch Abune Paulos, heute verkündet, nämlich die Bundeslade sei nicht irdisch, hätte man schon längst aus einem uralten historischen Werk entnehmen können. Dem *Kebra Nagast*. [73] Das ist das Königsbuch des alten Äthiopiens. Sein Ursprung liegt unbekannte Jahrtausende in der Vergangenheit. Dort wird ausführlich über die Bundeslade berichtet, auch darüber, wie Baina-Lehkem, ein Sohn von König Salomon, die Bundeslade aus Jerusalem entführte, und was diese Bundeslade eigentlich war.

Das himmlische darin [in der Lade] ist von wunderbarer Farbe und Arbeit, ähnlich dem Jaspis, dem Glanzerz, dem Topas, dem Edelstein, dem Kristall und dem Licht, die Augen entzückend und den Sinn verwirrend, nach den Gedanken des Herrn gemacht und nicht von der Hand eines menschlichen Künstlers. (Kebra Nagast, 73; 17, 2)

Irgendwo auf unserem Planeten befindet sich also ein außerirdisches Objekt. Gut möglich, dass der israelische Geheimdienst Mossad den Gegenstand längst in Sicherheit gebracht hat, damit die Menschheit nicht in eine Schockstarre verfällt. Schließlich versuchen unsere blitzgescheiten und durchaus integren Astronomen seit Jahrzehnten, uns alles auszureden, was mit ETs zu tun haben könnte. Nicht etwa wegen einer Verschwörungstheorie, sondern aufgrund des Zeitgeists. Das ist die gerade herrschende Vernunft – und gegen die sind auch Wissenschaftler machtlos.

Mein Freund Uri Geller will herausgefunden haben, wo sich die Bundeslade befindet. Er möchte sie der internationalen Presse vorstellen. Das könnte von verschiedenen Kreisen vereitelt werden, denn diese Bundeslade ist hochradioaktiv. Heute noch. Und sie war es auch in der Vergangenheit, wie sich anhand der *Bibel* eindeutig belegen lässt. Dort, im 1. Buch Samuel, wird eine Schlacht zwischen den Israeliten und den Philistern beschrieben. Die Israeliten verloren, und die Philister hatten nichts Besseres zu tun, als die begehrte Bundeslade als Beutestück mitzunehmen. Was dann geschah, schildert die *Bibel*:

Die Philister aber brachten die Lade Gottes, die sie genommen, von Eben-Eser nach Asdod. Aber die Hand des Herrn lag schwer auf den Leuten von Asdod und schlug sie mit Beulen [...], da brachte die Hand des Herrn über die Stadt eine sehr große Bestürzung. Er schlug die Leute der Stadt vom

> Kleinsten bis zum Größten, sodass an ihnen Beulen ausbrachen [...].« (1. Samuel 5, 6 ff)

Die Philister beschlossen schließlich, die Lade wieder an die Israeliten zurückzugeben, damit ihr Volk nicht mehr an den Beulen sterbe. Sie luden das Beutestück auf einen Wagen und peitschten die Zugtiere zurück nach Israel.

> Die Söhne des Jechonja aber hatten sich nicht mitgefreut, als sie die Lust sahen an der Lade des Herrn. Da erschlug er unter ihnen siebzig Mann. (1. Samuel 5, 19)

Die Lade strahlte. Die Menschen – »vom Kleinsten bis zum Größten« – starben an den Beulen. Und als der gefährliche Gegenstand endlich wieder im eigenen Land war und sich die Menschen darüber freuten, da starben auch siebzig von ihnen. Menschen waren diesem »Herrn« offenbar schnuppe. Außer sie himmelten ihn an und opferten ihm Gold und Edelsteine.

Ich bin auf der Spur dieses »Herrn«. Er war es ja auch, der die Israeliten angeblich aus der ägyptischen Sklaverei befreite, sie (angeblich) 40 Jahre lang durch die Wüste geleitete und schließlich ins gelobte Land lotste. Das ist die allgemein bekannte Mosesgeschichte, die sogar in Dokumentarfilmen aufgegriffen wird. Nur stimmt wenig von dem, was in den (biblischen) Dokumenten steht.

Alles beginnt mit Moses, laut jüdischer Enzyklopädie [74] der zweite Sohn des Hebräers Amram vom Stamme Levi. Im 2. Buch Mose (Exodus) ab Kapitel 2 erfährt man, dass ein Weib aus dem Hause Levi schwanger wurde, aber nicht offenbaren wollte, wer der Vater war. Also legte sie ihr Neugeborenes in ein Kästchen aus Schilfrohr, das sie vorher mit Pech wasserdicht gemacht hatte. Eine Tochter des ägyptischen Pharao fischte das Kästchen aus dem Nil, fand das weinende Kind und ließ es am Hofe erziehen. Später gab man dem Jungen den Namen Moses. Eine rührende Geschichte, von der allerdings rein gar nichts der Wahrheit entspricht.

Die ganze Story, über die ich bereits mehrfach berichtete, [71] ist geklaut aus viel älteren Quellen. Im indischen Epos Mahabharata [75] erwartet eine Jungfrau namens Kunti ein Kind vom (angeblichen) Sonnengott. Sie fürchtet verlacht zu werden, legt ihr Baby in ein Binsenkörbchen, isoliert dieses mit Pech und Asphalt und setzt es auf einem Fluss aus. Ein braver Mann namens Adhirata fischt das Körbchen aus dem Wasser und zieht das Kind auf. Ist dies die Originalquelle? Ach was!

Dieselbe Story war bereits über ein Jahrtausend früher über den babylonischen König Sargon I. (2334–2279 v. Chr.) berichtet worden. Auch ihn hatte seine Mutter als Säugling in ein mit Pech abgedichtetes Körbchen gelegt und einen Fluss hinuntertreiben lassen. Hofdamen fanden das Knäblein und zogen es groß.

Die Geschichte um die Geburt von Moses ist also ein aus älteren Quellen zusammengeklautes Märchen. Genauso wie die Geschichten über die Sintflut. Sie stammt in Wirklichkeit aus dem sumerisch-babylonischen Gilgamesch-Epos.

Und all dies steht in der Heiligen Schrift, die doch von allem Anfang an »ausnahmslos Vollzugsberichte eines Wortes Gottes sind«, wie der Theologieprofessor Jacques Guillet versichert. [29] Was hat man uns Menschen seit Jahrtausenden nur für Märchen aufgetischt? Und der Glaube an diese Geschichten soll der Sinn unseres Lebens sein?

Wie viele Menschen hat Moses eigentlich aus Ägypten geführt? Im 4. Buch Mose (Numeri) werden Zahlen genannt.

Und die Söhne Rubens [...], alles, was männlich war, zählten 46500 Mann. Die Söhne Simeons [...] zählten 59300 Mann [...]. Die Söhne Gads [...] zählten 45650 Mann [...] alle wehrpflichtigen Männer in Israel, alle Gemusterten zählten 603550 Mann. (4. Mose 1, 17 ff)

Jeder wie vorgeschrieben beschnitten. Zu den 603 550 Wehrpflichtigen kamen die Großeltern, die Frauen und die Kinder. Der mehrmals erwähnte Walter-Jörg Langbein zitiert Professor Hans Schindler Bellamy und Dr. John D. Hannah:

Es müssten wohl insgesamt an die 2 Millionen Menschen gewesen sein.

Und:

Mit Frauen und Kindern dürfte die Gesamtzahl etwa 2 Millionen Menschen betragen haben. Mit ihnen zogen Nicht-Israeliten von unbestimmter Zahl, offensichtlich eine zusammengewürfelte Gruppe. [65]

Dies alles zur Zeit des Pharao Ramses II. (1279–1213 v. Chr.) Millionen Menschen, darunter mindestens 600 000 kräftige Männer, verließen Ägypten. Seltsam nur, dass die ägyptische Geschichtsschreibung kein Sterbenswörtchen von einem Massenauszug eines Volkes aus Ägypten weiß.

2 Millionen Menschen wandern also durch die Wüste. Alleine hinsichtlich der Logistik ist dies schlicht unmöglich. 2 Millionen Menschen müssen ernährt werden, ihr tägliches Wasser trinken. Ein Nachschubtross existierte nicht. Also nur 1 Million? Die Probleme bleiben dieselben. Nur 500 000? Immer noch viel zu viel. Was wäre eine realistische Zahl? Wie viele Menschen zogen tatsächlich in die Wüste? Selbst bei 5000 bleiben die Organisationsprobleme gewaltig. Die Menschenmasse soll von Moses angeführt worden sein. Der wiederum – ich erwähnte es in einem früheren Buch [15] – war ein Mörder, und bevor die Israeliten abzogen, beraubten sie die Ägypter. Genauso steht's im 2. Buch Mose (Exodus).

Hinter dem ganzen Plan aber steckt ein geheimnisvolles Wesen, das dem Moses zum ersten Mal in einem Dornbusch erscheint. Wie das? Moses soll Schafe gehütet haben und beobachtete eine Feuerflamme, die aus einem Dornbusch hervorschlug.

Und als er hinsah, siehe, da brannte der Busch im Feuer, aber der Busch ward nicht verzehrt. Da dachte Moses: Ich will hinübergehen und diese wunderbare Erscheinung ansehen [...]. Und der Herr sah, dass er herüberkam, und Gott rief ihm aus dem Dornbusch zu: Moses! Moses! Er antwortete: Hier bin ich. Da sprach er: Tritt nicht heran! Ziehe die Schuhe von den Füßen, denn diese Stätte ist Heiliges Land. Dann sprach er: Ich bin der Gott deines Vaters, der Gott Abrahams, der Gott Isaaks und der Gott Jakobs [...]. Ich habe das Elend meines Volkes in Ägypten gesehen [...], darum bin ich herniedergestiegen, sie aus der Gewalt der Ägypter zu befreien [...]. (1. Mose 3 ff)

Derselbe »Gott«, der später unter gewaltigem Getöse vom Firmament herniederfährt, soll sich dem Moses in einem Dornbusch gezeigt haben? Fürchtete der »Gott«, Moses könnte ihn zurückweisen oder gar erschrocken davonrennen, wenn er dessen wahren Körper sehe? War die Gestalt dieses »Gottes« etwas Unmenschliches, Furchteinflößendes? Doch der »Gott« behauptet, er sei derselbe, der bereits bei Abraham gewesen sei. Wo hatte er sich in der Zeit zwischen Abraham und Moses aufgehalten? Hatte er ein paar Jahrhunderte in irgendeiner Gruft geschlafen, sich quasi regeneriert? War er jetzt aufgewacht und brauchte die Hilfe der Menschen?

Ich bin dabei, diesen seltsamen Gott der *Bibel* einzukreisen. Dazu die vielen Zitate. Sie sind für jeden Leser überprüfbar. Die *Bibel* nennt diesen Gott mal Jahwe, dann Elohim. Letzterer ist ein Pluralbegriff, übersetzbar mit »die Götter«. Jahwe hingegen ist der Eifersüchtige, der Einzigartige, der keine anderen Götter neben sich duldet. Jahwe höchstpersönlich versichert Moses, er habe sich früher anders genannt.

Da redete Gott mit Moses und sprach zu ihm: Ich bin Jahwe. Ich bin dem Abraham, Isaak und Jakob erschienen als der allmächtige Gott. Aber unter meinem Namen Jahwe habe ich mich ihnen nicht geoffenbart. (2. Mose 6, 2)

Ein »einzigartiger Gott« (»Du sollst keine anderen Götter neben mir haben«), der sich mit unterschiedlichen Namen vorstellt? Den Bibelgläubigen sind all diese Widersprüche nicht bekannt. Der Gläubige »glaubt«. Er sucht nicht nach den Ungereimtheiten. Doch es wird noch grotesker.

Der Pharao will die Israeliten nicht so ohne Weiteres ziehen lassen. Also muss er unter Druck gesetzt werden. Ägypten wird mit Plagen überzogen, und »der Herr« verspricht Moses:

Siehe, ich mache dich zum Gotte für den Pharao, und dein Bruder Aaron soll dein Prophet sein [...]. (2. Mose 7, 1 ff)

Moses war 80 Jahre alt und Aaron 83, als sie mit dem Pharao redeten.

Der Pharao sollte also glauben, Moses sei »ein Gott«? So einfältig war der Pharao trotz der Zaubereien, die Moses und Aaron vor dem ägyptischen Herrscher aufführten, nicht. Gefragt werden muss auch, weshalb dieser mächtige »Gott« der Israeliten den Pharao nicht einfach vor vollendete Tatsachen stellte? Etwa so: »Ich befehle, dass die Israeliten Ägypten verlassen. Und zwar jetzt!«

Der Auszug beginnt, und obschon sie geführt und beschützt werden, murren die Israeliten dauernd wider ihren »Herrn«. Der organisierte diverse Wunder, damit das Volk ihm treu bleibe und den Trip unbeschadet überlebe. Mal wird in der Trockenheit Wasser produziert, dann fallen Zehntausende von Wachteln – das sogenannte Manna – vom Himmel, um die Menschen zu ernähren. Und ständig beteuert »der Herr«, dass er ihr einzigartiger Gott sei. (2. Mose 2, 12 und 2. Mose 20, 1 ff) Derselbe ängstliche »Herr«, der sich einst in einem Dornbusch versteckte, zeigt sich den Israeliten jetzt mit Macht. Und diese Macht war für die Menschen ganz offensichtlich lebensgefährlich. Im Alten Testament wird dies mehrfach beschrieben. Da befielt »der Herr« Moses, er müsse das Lager für sein Volk in einer bestimmten Distanz vom heiligen Berg errichten. Sonst würde das Volk vernichtet.

Am 3. Tag aber, als es Morgen wurde, da erhob sich ein Donnern und Blitzen [...]. Der Berg Sinai aber war ganz in Rauch gehüllt, weil der Herr im Feuer auf ihn herabgefahren war. Und der Rauch stieg auf wie von einem Schmelzofen, und der ganze Berg erbebte stark. (2. Mose 19, 16 ff)

Als aber das Volk die Donnerschläge und Blitze, den Posaunenschall und den rauchenden Berg wahrnahm, da fürchtete es sich und zitterte und blieb auf Abstand.

Mauro Biglino, der bereits mehrfach erwähnte Übersetzer alter Schriften und langjährige Mitarbeiter der Vatikanischen Bibliothek, analysiert obige Passage aus dem Originaltext. Verwendet wird der Begriff »k-ev-od«, der auch an anderer Stelle vorkommt. »Kevod« meint ein physikalisches Phänomen – etwas, das sich mit großer Kraft manifestiert. »Wir würden heute mit *Kaved* (als Adjektiv) ein Flugzeug, einen Panzer oder ein Schiff bezeichnen. Vielleicht genau das, womit die Elohim reisten.« [76]

Dieser »Gott« des Alten Testaments ist kein spirituelles Wesen, kein »grandioser Geist der Schöpfung«. Er ist physisch, wahrhaftig und leibhaftig präsent. Nicht nur er selbst, sondern auch die Technologie, die er offensichtlich mit sich führt. Und diese Technologie war für die Menschen unverständlich und lebensgefährlich. Mehrfach bittet Moses seinen »Herrn«, er möchte ihn persönlich sehen. Doch »der Herr« instruiert Moses:

> Ich will all meine Pracht vor deinem Angesicht vorübergehen lassen [...]. Du kannst mein Angesicht nicht schauen, denn kein Mensch bleibt am Leben, der mich schaut.
> (2. Mose 33, 19 ff)

Am Rande: Dieselbe Aussage kommt im babylonischen Gilgamesch-Epos vor. Dort möchte Gilgamesch, der König von Uruk, das Antlitz der Götter sehen, und die antworten: »Wer den Göttern ins Angesicht schaut, muss vergehen.« [77]

Der biblische »Gott« zitiert Moses auf den heiligen Berg, dort empfängt er nicht nur die Zehn Gebote, sondern es wird ihm auch diktiert, dass er einen Kasten in einer ganz bestimmten Länge, Breite und Höhe konstruieren soll. Der Behälter für die Bundeslade.

> Mache eine Lade aus Akazienholz, zwei und eine halbe Elle lang, anderthalb Ellen breit und anderthalb Ellen hoch.
> Die sollst du mit reinem Gold überziehen, inwendig und auswendig [...], dann sollst du eine Deckplatte aus reinem Gold machen, zwei und eine halbe Elle lang. Und du sollst zwei Cherube aus Gold machen [...] an den beiden Enden der Deckplatte [...]. Daselbst will ich mit dir zusammenkommen, und von der Deckplatte aus [...] will ich dir alles kundtun, was ich durch dich den Israeliten befehlen will [...].
> (2. Mose 10 ff)

Die Anweisungen waren mitnichten spiritueller, sondern von durch und durch praktischer Art. Moses darf sich bei der Konstruktion keinen Fehler erlauben.

> *Und siehe zu, dass du alles genau nach dem Urbild machst, das dir auf dem Berge gezeigt werden soll.* (2. Mose 25, 40)

Der »Gott« des Alten Testaments muss die Menschen also instruieren, einen ganz bestimmten Gegenstand zu konstruieren. Weshalb übergibt »der Herr« das gewünschte Objekt nicht fix und fertig den Menschen? Kann er das nicht? Von den Cherubim auf diesem durch und durch vergoldeten Kasten aus will »der Herr« dem Moses »alles kundtun, was ich durch dich den Israeliten befehlen will«. Ganz offensichtlich eine Art Gegensprechanlage. Wenn Moses Rat oder Hilfe von seinem »Herrn« benötigte, geschah dies über die Cherubim an der Bundeslade. Was wiederum belegt, dass »der Herr« nicht allgegenwärtig und damit alles andere als ein spirituelles Wesen war. Moses und Aaron sollten eine ausgesuchte Mannschaft schulen, die sich der Bundeslade nähern durfte. Diese Truppe musste sich durch eine spezielle Kleidung vor der Strahlung der Lade schützen. Ausführlich beschrieben im 2. Buch Mose (Exodus), Kapitel 28:

> *Und das Obergewand sollst du ganz aus blauem Purpur machen, und in der Mitte soll die Öffnung für den Kopf sein [...], eine Öffnung wie die eines Panzers [...], und Aaron soll es tragen beim heiligen Dienst, und man soll es klingen hören, wenn er im Heiligtum vor dem Herrn ein und aus geht, damit er nicht sterbe.* (2. Mose 28, 31 ff)

Der Dienst an der Lade war lebensgefährlich. Welcher Dienst? Erforderte die Lade bestimmte Wartungsarbeiten? Die wiederum konnten nur von geschulten Menschen verrichtet werden. Belegt wird hierdurch, dass »dem Herrn« keine eigene Mannschaft zur Verfügung stand. Er war allein und für die Instandhaltung auf eine speziell trainierte Menschentruppe angewiesen. Aaron sollte beim Dienst im heiligen Zelt auch stets ein Glöcklein tragen, denn diejenigen draußen mussten es bimmeln hören. Brach Aaron zusammen und rührte sich nicht mehr, hörte das Bimmeln auf, und seine Einheit draußen konnte ihn aus dem Zelt hinausziehen.

Aus all dem ergibt sich: Der »Gott« des Alten Testaments war definitiv ein physisches Wesen. Eines zudem, das die Hilfe der Menschen benötigte. Mehr und mehr präsentiert sich das »Buch der Bücher« als ein Werk voller Widersprüche, welche wir seit Jahrtausenden in ehrfürchtigem Glauben schlucken. Alle Ungereimtheiten wurden religionspsychologisch wegakademisiert. Ein Musterbeispiel dafür ist das Werk des brillanten Theologen Otto Eißfeldt: *Einleitung in das Alte Testament.* Das Buch umfasst über 1100 Seiten. Sachlich. Blitzsauber. Die Widersprüche werden durchaus angesprochen und dann tiefsinnig beantwortet. Über die Bücher Moses meint der Gelehrte:

> *Letztlich freilich ist sein Blick nicht der Vergangenheit, sondern der Gegenwart und der Zukunft zugewendet.*
>
> *Denn die der Fiktion nach in einer bestimmten Periode der Vergangenheit erlassenen Gesetze haben doch in Wahrheit Bedeutung für die Gegenwart und sollen ihr maßgebend sein. Mehr noch als der Gegenwart wohl der Zukunft.* [78]

Die Gesetze, welche »der Herr« Moses gab, sollen demnach also für die Zukunft adressiert sein. Man stelle sich einmal praktisch vor, die über 613 Vorschriften aus alten Zeiten würden noch heute gelten. Wer beispielsweise über seine Eltern flucht, müsste getötet werden. Unsere Bibelfachleute haben aus ihrem ehrlichen und tief verankerten Glauben heraus, die

Bibel sei das »Wort Gottes«, für jede Unmöglichkeit eine Erklärung herbeigezaubert. Inzwischen sind Jahrtausende verstrichen. Der Zeitgeist hat sich verändert und mit ihm das, was wir heute unter Vernunft verstehen. So manches, was im Alten Testament unerklärlich bleiben musste, findet heute eine realistische Antwort. Eindeutig belegen lässt sich, dass der »Gott« des Alten Testaments definitiv nichts Spirituelles war. Es ging stets um ein leibhaftiges Wesen. Dies möchte ich noch einmal mit der Geschichte um die Städte Sodom und Gomorrha untermauern.

Vor der Vernichtung will »der Herr« erst mal feststellen, ob an den Klagen über die Städte wirklich was dran ist. Ein »allwissender Geist« hätte dies gewusst.

Darum will ich hinabfahren und sehen, ob sie wirklich ganz so gehandelt haben, wie das Geschrei über sie verlaute, das zu mir gedrungen ist, oder nicht. Das will ich erfahren.
(1. Mose 18, 21 ff)

Ein spiritueller »Gott«, der »hinabfahren« muss, um ein Gerücht zu überprüfen, ist materiell. Und offensichtlich verfügt er über eine Technologie, mit welcher er hinabfahren kann. Dann tauchen zwei »Engel« auf, die nach religiösem Verständnis aber keine »Engel« sein können.

Und die zwei Engel kamen am Abend nach Sodom, als Lot gerade im Tore von Sodom saß. Sobald er sie sah, stand er auf, ging ihnen entgegen, verneigte sich mit dem Angesicht zur Erde [...]. Da er aber sehr in sie drang, kehrten sie bei ihm ein und kamen in sein Haus. Und er rüstete ihnen ein Mahl [...] und sie aßen.

»Engel«, also spirituelle Wesen, müssen nicht essen. Zudem sind diese »Engel« offenbar bildhübsche Burschen, denn die Männer von Sodom verlangen von Lot, die beiden sollten aus dem Haus kommen, »damit wir ihnen beiwohnen«. Hartnäckig weigert sich Lot und bietet in seiner Verzweiflung sogar seine Töchter zum Schäferstündchen an. Schließlich versperren die »Engel« Lots Haustüre und schlagen die Männer draußen mit Blindheit. Dann wird's dramatisch. Die »Engel« informieren Lot, dass die Städte gleich vernichtet würden. Doch Lots Schwiegersöhne mitsamt ihren Frauen wollen das nicht glauben. Also verfügten die »Engel« über keine übernatürlichen Kräfte, mit denen sie die Zweifler hätten überzeugen können.

Als nun die Morgenröte heraufkam trieben die Engel Lot zur Eile an und sprachen: Auf, nimm dein Weib und deine beiden Töchter, dass du nicht weggerafft werdest durch die Schuld der Stadt. Da er aber immer noch zögerte, ergriffen die Männer ihn und sein Weib und seine beiden Töchter bei der Hand [...] und führten sie hinaus [...]. Rette dich! Es gilt dein Leben. Sieh nicht hinter dich und bleibe nirgendwo stehen [...]. (1. Mose 19, 15)

Obschon die »Engel« zur Eile drängen, zögert Lot immer noch. Wie kann er den »Engeln«, wenn es denn welche gewesen wären, nicht glauben? Wie können spirituelle Wesen die Menschen »bei der Hand nehmen« und sie hinausführen? Der Countdown läuft. Die »Engel« vermochten ihn nicht zu überzeugen, deshalb zerren sie die ganze Familie kurzerhand ins Freie. Irgendein »Gott« hatte die Zerstörung befohlen.

Der Herr aber ließ Schwefel und Feuer über Sodom und Gomorrha regnen, von dem Herrn vom Himmel herab und

> vernichtete so die Städte und den ganzen Umkreis und
> alle Bewohner und was auf dem Lande gewachsen war [...].
> (1. Mose 19, 24)

Das Alte Testament berichtet dann noch, dass Lots Weib sich umdrehte und zur Salzsäule erstarrt sei. Doch auch, dass beide Töchter Geschlechtsverkehr mit ihrem angeblich schlafenden (!) Vater Lot gehabt hätten und jede sogar einen Sohn geboren hatte. Inzucht. Ein absolutes No-Go für die Israeliten.

Mauro Biglino, der Analytiker alter Sprachen, stellt fest, dass die beiden »Engel« definitiv keine Geistwesen gewesen sein konnten, denn sie wanderten auf der Straße daher, und Lot ging ihnen entgegen. Dazu kommentiert Biglino:

> *Die ›Engel‹ laufen, ermüden und müssen sich ausruhen, werden staubig und finden Gefallen daran, sich zu waschen, essen sogar zweimal am gleichen Tag (vor Lot mit Abraham zur Mittagszeit), beschließen, wo sie schlafen werden, und verteidigen sich gegen einen Angriff mit technologisch anmutenden Methoden [...]. Individuen, deren Unterschied zum Menschen offensichtlich ist, die mit zweifelsfrei höheren Kräften versehen, aber keinesfalls allmächtig sind. Als offizieller Übersetzer des Hebräischen kann ich sofort sagen, dass die biblischen ›Elohim‹ nicht Gott, geschweige denn ein einziges Wesen waren, sondern eine Vielzahl von materiellen, aus Fleisch und Blut bestehenden Individuen.*
> *Eine Vielfalt, die in mehreren Stellen des Alten Testamentes klar und eindeutig belegt wird.* (Exodus 3, 12 ff; Exodus 15, 5 ff; Exodus 18, 11 ff; Deuteronomium 6, 14 ff; Deuteronomium 32, 17 ff; Jeremia 7, 18) [76]

Es ging nie um geistige Wesen. Und wieder zeigt sich die Arroganz dieses »Gottes«, dem Menschenleben offenbar vollkommen egal waren. Denn im Umkreis von Sodom und Gomorrha wurde alles Leben ausgelöscht, »auch alle Bewohner, die auf dem Lande gewachsen waren«.

Wozu sind wir auf der Erde?, lautet der Titel dieses Buches. Seit Jahrtausenden bis in die Gegenwart glaubten Milliarden von Menschen an die einzigartige Wahrheit der *Bibel*. Unzählige Kriege wurden im Namen des biblischen »Gottes« geführt. Und all diese Menschen der Vergangenheit sahen ihren Lebenszweck im Glauben an die Heilige Schrift, in der Verkündigung des »Wort Gottes«. Schon der Zweifel daran galt als Sünde.

Aber wer war nun dieser »Gott« des Alten Testaments?

- Anfänglich verbarg er sich in einem Dornbusch. Niemand sollte seinen Körper sehen.
- Er kannte sich hervorragend mit Infektionskrankheiten aus.
- Er ließ einen Kasten konstruieren, in welchem sich etwas Strahlendes befand.
- Eine ausgesuchte Mannschaft musste dieses Behältnis transportieren. Dieses Aufgebot trug Schutzkleidung.
- Niemand durfte sein Antlitz sehen.
- Er vernichtet zwei Städte mit Feuer und Schwefel, die »vom Himmel« fielen.
- Er ist nicht allgegenwärtig. Wenn Moses seine Hilfe benötigt, muss er »den Herrn« über die Cherubim anrufen.

- Er fährt mit gewaltigem Getöse vom Firmament hernieder. »Der ganze Berg glühte wie von einem Schmelzofen.«
- Von den Menschen verlangt er nicht nur Speiseopfer, sondern auch Gold, Edelsteine und Geld.

Geld für einen »Gott«? Nachzulesen in der »heiligen« Schrift:

> Und der Herr sprach zu Moses: Wenn du die Zahl der Israeliten feststellst, so soll ein jeder dem Herrn ein Lösegeld für sein Leben geben, damit nicht eine Plage über sie komme. Und zwar soll ein jeder [...] ein halbes Lot Silber geben, nach heiligem Gewicht, das Lot Silber zu zwanzig Gera gerechnet. (2. Mose 30, 11 ff)

Was ist der Sinn des Lebens? Der Glaube an eine falsche Religion? Was ist mit den vielen anderen Religionen neben der christlichen? Auf der Erde gibt es schließlich nicht nur das Neue Testament mit der Erlösungsgeschichte von Jesus, nicht nur das Alte mit den 613 Vorschriften, sondern unzählige andere religiöse Gemeinschaften und Abertausende von Sekten.

Nachfolgend eine kleine Liste:

- Konfuzianismus
- Hinduismus
- Islam
- Judaismus
- Schintoismus
- Buddhismus
- Christentum

Jede Religion hat ihre eigene Geschichte, ihre Verkünder, ihre Propheten und Gesetze. Liegt der Sinn des Lebens darin, ebendiesen Lebenssinn in einer Religion zu finden? Ist es das, was Mönche in ihren Klöstern oder Buddhisten durch ihre Suche nach Erleuchtung anstreben? Soll der Sinn des Lebens darin bestehen, über ebendiesen Sinn des Lebens nachzudenken? Um nach Jahrzehnten der Einsamkeit herauszufinden, der Sinn des Lebens sei ... das Leben. Logischerweise müssten die Menschen in diesem Falle darum bemüht sein, möglichst lange am Leben zu bleiben. Der Sinn des Lebens wäre ja das Leben an sich.

Und was ist mit Gemeinschaften wie beispielsweise der Neuoffenbarungsreligion Shinchonji? Die wurde 1984 von dem Koreaner Man-Hee Lee gegründet, der behauptet, nur er allein könne die *Bibel* richtig auslegen. Man-Hee Lee hält sich selbst für unsterblich. Jetzt ist Shinchonji aber eine *christliche* Religion; sie beruft sich auf das Neue Testament und damit auf Jesus. Wenn aber Jesus nicht Gottes Sohn war, bricht die Lehrmeinung in Shinchonji zusammen. Das ganze Glaubensgebäude von Shinchonji ist seinerseits wieder auf dem Glaubensgebäude der christlichen Lehre aufgebaut. Glauben aus dem Glauben aus dem Glauben aus dem Glauben ... Wir drehen uns im Kreis. Das kann schwerlich der Sinn des Lebens sein.

Und wie verhält es sich im Islam? Der Prophet Mohammed sagt doch, alle Menschen der Erde müssten muslimisch werden. Auch gegen ihren Willen, also gegen ihren bisherigen Sinn des Lebens. Im *Koran*, der heiligen Schrift des Islam, bezeichnet man die erste Sure (Vers) als »die Eröffnende«:

> Im Namen Gottes, des Gnädigen und Barmherzigen!
> Ehre sei Gott, dem Herrn der Welten,
> dem Gnädigen, dem Barmherzigen.
> Der regiert am Tage des Gerichts.
> Dir allein dienen wir,
> zu dir flehen wir um Hilfe,
> führe uns den rechten Weg.
> Den Weg derer, die du gesegnet hast.
> Und nicht derjenigen, denen du zürnst
> oder die in die Irre gehen.

Der *Koran* wurde in arabischer Sprache verkündet. Die Muslime sind überzeugt von seinem göttlichen Ursprung. Deshalb ist der *Koran* in ihren Augen einzigartig. Professor John Alden Williams, vom Institut für islamische Studien der McGillUniversity in Montreal (Kanada) schreibt:

> Da Übersetzen zugleich immer auch Verfälschen bedeutet, haben die Muslime stets jedem Versuch einer Übertragung in andere Sprachen misstraut, diese bisweilen sogar unterbunden. Dass diese Vorsicht gerechtfertigt erscheint, wird jeder zugeben müssen, der das Original gelesen hat. Keine noch so sinngetreue Übersetzung ist jemals völlig gelungen. [79]

Dementsprechend zirkulieren weltweit immer wieder leicht voneinander abweichende Koranversionen. (Bei meinen nachfolgenden Zitaten halte ich mich an eine Koranausgabe des Oberhauptes der Ahmadiyy-Bewegung aus Pakistan [80] und an eine modernere Ausgabe des Übersetzers Max Henning. [81])

Wer war Mohammed (570–632), und wie kam er zum *Koran*?

Der islamischen Geschichtsschreibung folgend erhielt der Prophet Mohammed im Laufe von insgesamt 23 Jahren Offenbarungen vom ewigen Gott des Universums. So ist nach der muslimischen Vorstellung der Islam die einzige richtige Religion, weil Mohammed der letzte – oder neueste – Mensch war, der Gottes Wort empfing. Die 3. Sure hält fest:

> *Wir glauben an Allah und an das, was er uns gesandt hat, und an das, was er dem Abraham, Ismael, Isaak, Jakob und den Stämmen offenbarte, und auch an das, was Moses, Jesus und anderen Propheten von ihrem Herrn zuteil geworden ist; wir machen zwischen keinem von diesen einen Unterschied.*

Obschon diese Passage wortwörtlich aus dem *Koran* zitiert wurde, widerlegt sie sich durch den *Koran* selbst. Einerseits soll »kein Unterschied« zu den früheren Religionen bestehen, andererseits wird der *Koran* als »einzige«, gottesfürchtige Religion verherrlicht – alle anderen sind falsch. Der Korantheologe Maurice Bucaille hält fest:

> *Es trifft tatsächlich zu, dass unter allen sogenannten heiligen Schriften der* Koran *die einzige ist, die keine historischen oder naturwissenschaftlichen Fehler enthält.* [82]

Hatte nicht der Theologe H. W. Schomerns dasselbe über das Christentum gesagt?

> *Zur Stärkung der christlichen Gemeinde gehört die Gewissheit von der Überlegenheit des Christentums über alle anderen Religionen, ja von der Absolutheit derselben.* [55]

Die alte Leier: Jeder erkennt in *seiner* Religion das unfehlbare Wort Gottes.

Mohammed entstammte einer verarmten, grundehrlichen Familie aus Mekka. Als 40-Jähriger lag er abends in einer Höhle an einem Berghang über der Stadt. Da erlebte er eine eindrückliche Vision. Das Firmament erhellte sich, und hervor trat der Erzengel Gabriel. Der offenbarte ihm, die Religion müsse erneuert werden und dies solle durch ihn geschehen. Mohammed war damals des Lesens und Schreibens unkundig. Doch durch Gedankenübertragung erhielt er in den nachfolgenden Jahren Botschaften, über welche er selbstverständlich in seinem Umfeld berichtete. Ein Jahr nach Mohammeds Tod beschloss der Kalif Abū Bakr, Mohammeds Offenbarungen müssten schriftlich festgehalten werden. Dazu schreibt Murad Wilfried Hofmann, der Herausgeber einer deutschen Koranfassung:

> *Grundlage dafür war ein Text, den Mohammeds Sekretär Zaid ibn Thābit sorgfältig erstellt hatte. Der 3. Kalif,* 'Uthmān ibn 'Affān, *verfügte schließlich im Jahr 653, dass nur noch der inzwischen konsolidierte Text des Koran, wie wir ihn heute kennen, benutzt werden dürfe.* [81]

Ich erinnere an die Entstehung der *Bibel* und die Konzilien, während derer schließlich die vorhandenen Texte bereinigt und in eine einheitliche Version gebracht wurden. Nicht viel anderes geschah beim *Koran*. Die Offenbarungen Mohammeds wurden konsolidiert und präsentieren sich damit wie aus einem Guss. Heute ist der *Koran* das wohl meistgelesene Buch der Welt, und der Islam ist dabei, sich über den gesamten Planeten Erde auszubreiten. Dazu verkündete Hasan al-Bannā, der Gründer der Muslimbruderschaft:

Es liegt in der Natur des Islam, zu herrschen und nicht beherrscht zu werden, seine Gesetze allen Nationen aufzuzwingen und seine Macht über den gesamten Planeten auszuweiten. [82]

Nach diesen Vorstellungen liegt der Sinn des Lebens darin, unverrückbar fest an das zu glauben, was im *Koran* steht.

Ich bezweifle keinen Moment, dass tiefgläubige Menschen sich ihrer Sache sicher sind. Glaube macht glücklich. Im Glauben wird die Frage nach der Wahrheit nicht gestellt. Glaube bedeutet, etwas gegen den Verstand anzunehmen, es widerspruchslos zu akzeptieren. Und der Verstand der Forscherdrang und die Neugierde lässt sich zwar nicht abschalten, aber übertünchen.

Wenn der Prophet Mohammed – gepriesen sei er – seine Botschaften von Allah erhielt, (wenn auch über den Erzengel Gabriel), dann hätte »Gott« damit gleichzeitig eingeräumt, dass er sich früher geirrt hat. Wie das? Nun, da gab's doch den Gott des Alten Testaments, der Eifersüchtige, Einzigartige, der verlangte: »Du sollst keine anderen Götter neben mir haben.« Dann den Gott in der Gestalt des Gottessohnes Jesus, des Erlösers, und jetzt verkündet Gott dem Propheten Mohammed, alle bisherigen Religionen gälten nichts mehr? Es gilt nur noch eine richtige Religion – den Islam –, und Mohammed ist ihr Prophet. Ist denn der »Gott«, der sich Mohammed zeigte, ein anderer als der frühere »Gott«. Und auch ein anderer als der, der sich rund 1000 Jahre *nach* Mohammed einem amerikanischen Burschen namens Joseph Smith offenbarte und ihm auftrug, die Kirche Christi zu gründen? Weil die bisherigen falschgelegen hätten?

Der *Koran* ist nicht nur ein religiöses Werk, in welchem der Glaube an den einzigen Gott verlangt wird. Der *Koran* ist auch eine Streitschrift, in welcher alle Andersgläubigen eindeutig verurteilt werden. Man darf sie belügen, betrügen, ja man darf sogar im Namen Allahs töten. Nachfolgende Suren (Verse) des *Koran* belegen dies. [81]

(Sure 8, 12) *Ich bin mit euch! Stärkt daher die Gläubigen. Wahrlich, ich werfe Schrecken in die Herzen der Ungläubigen. Haut auf ihre Nacken ein und schlagt ihnen auf alle Finger.*

(Sure 16, 88) *Und diejenigen, die nicht glaubten und von Allahs Weg abdrifteten, sollen von uns Strafe über Strafe erhalten [...].*

(Sure 17, 58) *Und es gibt keine Stadt, die wir nicht vernichten wollen vor dem Tag der Auferstehung [...].*

(Sure 20, 71) *Wahrlich, ich lasse euch eure Hände und Füße wechselseitig abhacken und euch an Palmenstämmen kreuzigen. Ihr sollt wahrhaftig erfahren, wer von uns strenger straft [...].*

(Sure 47, 4) *Und wenn ihr die Ungläubigen trefft, dann herunter mit dem Haupt, bis ihr ein Gemetzel unter ihnen angerichtet habt.*

(Sure 47, 35) *Werdet nicht matt und ladet die Ungläubigen nicht ein zum Frieden, während ihr die Oberhand habt [...].*

(Sure 60, 1) *Oh ihr, die ihr glaubt, nehmt nicht meinen Feind und euren Feind zu Freunden [...].*

(Sure 60, 4) *Wir haben nichts mit euch und mit dem, was ihr außer Allah anbetet, zu schaffen. Zwischen uns ist Feindschaft [...] für immerdar entstanden [...].*

(Sure 14, 30) *In die Hölle sollen sie [die Ungläubigen] eingehen, und das ist ein schlimmer Platz.*

(Sure 2, 192) *Und tötet sie [die Ungläubigen], wo immer ihr auf sie stoßt [...].*

(Sure 3, 29) *Die Gläubigen sollen nicht Ungläubige zu Freunden nehmen [...].*

(Sure 4, 35) *Die Männer sind die Verantwortlichen über die Frauen, weil Allah die einen vor den anderen ausgezeichnet hat [...].*

(Sure 9, 5) *Und wenn die verbotenen Monate verflossen sind, dann tötet die Götzendiener, wo ihr sie trefft [...].*

(Sure 9, 63) *Wissen sie denn nicht, dass für den, der Allah trotzt, das Feuer der Hölle ist, darin er bleiben muss?*

(Sure 19, 89–93) *Und sie [die Christen] sprechen, der Gnadenreiche hat sich einen Sohn beigesellt. Wahrhaftig, ihr habt da etwas Ungeheuerliches getan! Die Himmel möchten wohl zerreißen und die Erde auseinanderbersten und die Berge in Trümmern zusammenstürzen, weil sie [die Christen] dem Gnadenreichen einen Sohn zugeschrieben haben. Während es dem Gnadenreichen nicht ziemt, sich einen Sohn beizugesellen.*

Insgesamt enthält der *Koran* 114 Suren. Jede beginnt mit den Worten: »Im Namen Allahs, des Gnädigen, des Barmherzigen.« Für den Muslim ist der *Koran* das ultimative, fehlerlose »Wort Gottes«. Er liest – oder singt – seine Botschaften mit tiefer Ehrfurcht. Der Gläubige ist mit dem *Koran* glücklich. Das Verständnis des *Koran* ist der Sinn seines Lebens. Und dieses »Wort Gottes« wurde dem Propheten über den Erzengel Gabriel zuteil. Nun steht in Sure 10, 72 auch: »Trage die Geschichte von Noah vor, der zu seinem Volke sprach [...].«

Die Noahgeschichte der *Bibel* stammt aber aus dem viel älteren sumerisch-babylonischen Gilgamesch-Epos. Ist das Ganze also ein Plagiat? Was immer »der Herr« während der biblischen Sintflut zu Noah gesagt haben soll, muss demnach später von irgendwem hinzugefügt worden sein. Wusste das der »gottgesandte« Erzengel Gabriel nicht?

Wozu sind wir auf Erden? Um Gläubige der jeweiligen Religion zu sein? Um Glück zu suchen? Glück ist ein kurzlebiger Zustand. Jeder Verliebte ist überglücklich – bis die Liebe zerbricht. Der Lottogewinner mag einige Monate glücklich sein – bis der unvermeidliche Ärger mit dem Geld kommt. Eine Mutter erlebt ihr Mutterglück – bis das Kind vor ihr stirbt. Ein Fußballspieler, seine Mannschaft, sein Verein sind bei jedem Tor glücklich – bis die Gegenmannschaft gewinnt. Wie die Wogen des Ozeans, die kommen und gehen, erleben wir alle unser Glück und unsere Enttäuschungen. Und würde der Sinn des Lebens darin bestehen, ununterbrochen glücklich zu sein, so würde das Leben eintönig. Glücklich *worüber*? Ist ein Käfer glücklich? Eine Kuh? Verspürt der Löwe Glück, wenn er erfolgreich Beute gemacht hat? Und was folgt danach? Die Langeweile bis zur nächsten Jagd? Fühlt sich eine

Spinne glücklich, wenn sie ihr Opfer aussaugt? Das Füllen des Magens ist nicht dasselbe wie Glück. Oder der Orgasmus, der einen kurzen Lustgewinn vermittelt – hinterher folgt die Leere. Würde der Sinn des Lebens darin bestehen, nur glücklich zu sein, so könnten wir auch irgendwelche Drogen schlucken, die uns bis ans Lebensende in einen herrlichen Rauschzustand versetzen. Liegt der Sinn des Lebens in der Arbeit? Darin, etwas ganz Spezielles erlernt zu haben, um es an die nächste Generation weiterzugeben? Doch mehr als die Hälfte der arbeitenden Bevölkerung Deutschlands empfindet ihren Job als sinnlos.

Buddhisten in aller Welt sind überzeugt, den Sinn des Lebens zu kennen und glücklich zu sein. Sie strahlen ihr stilles Lächeln aus – das Lächeln der Erleuchteten. Erleuchtet wozu? Wer erfand den Buddhismus?

Im Jahre 563 v. Chr. wurde in Nepal ein Kind reicher Eltern geboren: Siddhārtha Gautama. Der Junge wuchs verwöhnt heran, und als Bursche genoss er alle Annehmlichkeiten des Lebens. Er zeugte Kinder und hätte eigentlich glücklich sein können. Doch er war es nicht. Unruhig wanderte er umher, verließ seine Familie und suchte nach dem Sinn des Lebens. Er studierte die damals existierenden Religionen, hoffte, in ihnen den eigentlichen Lebenszweck zu ergründen. Irgendwann setzte er sich unter einen Feigenbaum und begann zum x-ten Mal in seinem Leben zu meditieren. Er versuchte, sich in sich selbst hineinzuversetzen, und fiel in Ekstase. Plötzlich – wie ein Blitz aus heiterem Himmel – gingen ihm alle Lichter auf. Dieser Moment gilt als die Geburt Buddhas. Das Wort Buddha bedeutet »der, welcher erweckt ist« oder »der von Erkenntnis Überflutete«.

Buddha begriff, dass die Welt der Sinne eine Illusion ist. Eine Verkettung der Begierden. Um zu erkennen, was wirklich ist, muss der Mensch allen Ansichten gegenüber offen sein. Deshalb ist der Buddhismus eine Gemeinschaft der Toleranz. Erkennen ist ohne die Freiheit des Denkens nicht möglich. Der Vorgang bis zur Erkenntnis des Seins ist ein Prozess, der im Innern des Menschen stattfindet. Jetzt ist aber jeder Mensch in seiner Gedankenwelt einzigartig. Also können verschiedene Denkprozesse zur Erleuchtung führen. Einer der Meister der Buddhologie, Richard A. Gard, erklärt es so:

> *Im Buddhismus werden verschiedene Wege und Pfade ersonnen und begründet, um als Mittel zur Verwirklichung der buddhistischen Lebensweise und zur Erlangung der Erleuchtung zu dienen.* [83]

Da gibt es den »Pfad der Disziplin«, den »Pfad der Konzentration«, den »Pfad der Erfahrung«, den »Pfad der Andachtsübungen« oder den »Pfad des Vertrauens«. Diese Pfade ins Innere des Seins erreicht man über die Kontemplation. Damit ist das »In-sich-Hineinsehen« gemeint. Dies ohne irgendwelche mentalen Blockaden. Kontemplation ist innere Betrachtung, die Vertiefung auf die Einzigartigkeit. Insofern gibt es bei der Vielfalt des Denkens auch verschiedene Arten der Kontemplation, nämlich die

- der Güte,
- der Gleichheit,
- des Denkens,
- der vier Elemente,
- der Kreativität,

- des Atmens,
- der bedingungslosen Liebe und
- des Lebens.

Zudem ist der Buddhist überzeugt von der Wiedergeburt. Dazu der Buddha-Meister Richard A. Gard:

Was wir ›Tod‹ nennen, ist der totale Funktionsstillstand des physischen Körpers. Hören nun alle diese Kräfte und Energien mit dem Funktionsstillstand des Körpers auf? Der Buddhismus sagt ›Nein‹. Der Wille, der Wunsch, der Hunger zu existieren, weiter zu bestehen, immer mehr zu werden, ist eine gewaltige Kraft, die das ganze Leben, die ganz Welt bewegt. Nach buddhistischer Lehre hört diese Kraft mit dem Funktionsstillstand des Körpers nicht auf, sondern sie besteht weiter, indem sie sich in neuer Form manifestiert und eine neue Existenz bewirkt.

Im westlichen Denken ist das Thema Wiedergeburt eher verpönt. Man tut es als unwissenschaftlich ab und will sich nicht damit beschäftigen. Doch ausgerechnet die moderne Physik untermauert die Idee der Wiedergeburt. Wie bitte? Jedermann weiß, dass die kleinste Einheit unserer Materie das Atom ist. Doch Atome haben noch Unterabteilungen: die subatomaren Teilchen wie beispielsweise das Elektron. Dieses »Ding« schwirrt um den Atomkern herum. Elektronen aber wechseln ihre Plätze von einem Atom zum anderen. Sie springen hin und her. Dabei tauschen sie untereinander eine physikalisch nachgewiesene Strahlung aus – die sogenannte Schwarzschild-Strahlung. Diese Strahlung wiederum ist Information. Der Vorgang, den ich gerade mit wenigen Sätzen umschrieben habe, ist in der Physik bewiesen. [84]

Erstaunlicherweise kennt man diese Vorgänge auch im Buddhismus. Dort wird zwischen den verschiedenen Materialien unterschieden in Kategorien wie »unsichtbar« oder »gerade noch sichtbar«. Es gibt Dinge, »die man sehen, aber nicht fühlen kann« wie etwa den Schatten. Oder Dinge, »die sich nicht selbstständig vereinigen können«, etwa Wasser und Öl. Oder Dinge, die materiell fest gebunden sind wie Felsen. Zu den unsichtbaren Dingen gehört die kleinste Einheit, das Atom. Der Mensch besteht aus x Trillionen davon. Nun ist unser »Dasein« die Folge einer früheren »Tat«. Es muss ein anderes Lebewesen vorausgegangen sein, das uns zeugte. Und sollten wir in der Zukunft das Leben künstlich erzeugen können, ändert das nichts an der »Tat«. Daraus ergibt sich, dass jede Existenz lediglich ein Glied in einer langen Kette von Existenzen ist, die einst waren. Da unsere Gedanken unser »Tun« steuern, hinterlassen diese Taten Spuren in uns. Wo? Im Gedächtnis. Wir können uns an etwas Früheres erinnern. Diese Erinnerungen sind Bestandteil unseres Geistes. Der ist genauso unsichtbar wie das Atom. Beim Funktionsstillstand des Körpers existiert diese unsichtbare Kraft weiter. Nach buddhistischer Auffassung übernimmt dieser »Geist«, der als Energie definiert wird, einen neuen Körper.

Diese buddhistische Vorstellung wird in der modernen Quantenphysik bestätigt. Die subatomaren Teilchen, welche um den Atomkern herumrasen, *sind* Energie. Während seines Kreislaufs um das Atom vibriert das Elektron 10 hoch 23-mal, eine 1 mit 23 Nullen. In ihrem Buch *The Mathematics of the Science of Reincarnation: The Matrix of Consciousness* kommen Bob Good und weitere wissenschaftliche Autoren zu dem Schluss, dass unser Bewusstsein nicht von der materiellen Substanz des Körpers abhängen kann, da sich die Körperzellen alle 2 bis

7 Jahre erneuern. Physikalisch wird bewiesen, dass unser eigentliches Ich den elektrischen Strömen entspricht, die von einem Elektrokardiografen gemessen werden. »Vereinfacht ausgedrückt sind wir nicht Materie, sondern Energie.« [85]

Zum selben Schluss kommt auch der Physiker Melvin Vopson der University of Portsmouth (Großbritannien). Er stellt fest, dass alle Elementarteilchen Information speichern. Noch radikaler: Information ist der grundlegende Baustein des Universums. [86] Das erinnert an die Gedanken im 1. Kapitel dieses Buches. Der grandiose Geist des Universums ist überall und zeitlos.

Ich kenne einige Buddhisten, und die scheinen durchweg zufrieden mit sich selbst zu sein.

Sind wir also auf Erden, um buddhistisch zu sein? Der Buddhismus gibt uns zwar eine innere Ruhe, er vermittelt das Wissen, dass etwa die Gier nur ein fleischlicher Zustand ist. Er macht uns genügsam und friedlich anderen gegenüber. Aber auch er kann schwerlich der eigentliche Sinn des Lebens sein.

Weshalb nicht? Der Buddhismus ist eine Lebenseinstellung. So und nicht anders sollte man leben. Und wer das nicht einsieht? Wer anders fühlt? Wer in der Verehrung irgendeines Pseudogottes seinen Sinn des Lebens sieht? Wer die Menschheit aktiv verändern möchte, indem er etwa Missionar oder Schriftsteller wird? Im Buddhismus wird kein »Gott« angebetet, kein »Geist« verherrlicht. Das Bekenntnis zum Buddhismus ist das Bekenntnis zu einer inneren Einstellung – aber nicht der für alle Menschen gültige Sinn des Lebens.

Dasselbe gilt für den Konfuzianismus. Dabei existierte ein Mensch namens Konfuzius nie. Und doch liest man in jedem Lexikon: Konfuzius, geboren 551 v. Chr. und gestorben 479 v. Chr. Damals lebte tatsächlich ein Mann mit dem Familiennamen Kung, was gemeinsam mit seinem Titel »Meister« die Bezeichnung »Kung-fu-tse« ergab. Es waren die christlichen Jesuiten, die daraus das lateinische Wort Konfuzius machten. Dieser Konfuzius war ein verarmter Adeliger, der seine Abstammung auf eine Königsfamilie zurückführte. Genau wie Buddha suchte auch er nach dem Sinn des Lebens und hoffte, einen reichen Gönner zu finden, der ihn aufnahm. Konfuzius studierte die Philosophie des »himmlischen« Kaisers Schun (2296–2208 v. Chr.). Als 19-Jähriger fand er einen begüterten Fürsten, der dem aufgeweckten Burschen die Verwaltung der Getreidespeicher anvertraute. Gegen alle Widrigkeiten und Intrigen arbeitete sich Konfuzius innerhalb weniger Jahren zum Bauminister hoch. Dies gelang ihm durch seine angenehme Art. Er konnte zuhören und debattieren, ohne in Rage zu geraten. Bald entwickelte er eine eigene Lehre, die seine Schüler aufschrieben und die später als Konfuzianismus verbreitet wurde. Konfuzius lehrte

- die Ehrfurcht vor der Kreatur,
- die Ehrfurcht vor dem Schöpfer,
- die Ehrfurcht vor der Geschichte und
- die Ehrfurcht vor der Zukunft.

Der Konfuzianismus besteht in der Erforschung des Menschlichen. Dabei geht es weder um einen Gott noch irgendeinen Erlöser. Konfuzianismus ist die Lebensweisheit. Die Erkenntnis dessen, was der Mensch ist und was er braucht. Über Jahrtausende galt der Konfuzianismus als Grundpfeiler der chinesischen Gesellschaft. Wer es in China politisch zu etwas bringen wollte, musste die Lehren von Konfuzius kennen. Dann überrollte die kommunistische Revolution China. Ab 1949 war die kommunistische Partei bemüht, den Konfuzianismus zu zerstören. Heute herrscht in China der Marxismus – doch das konfuzianische Denken hält wieder Einzug in die chinesische Gesellschaft.

So kommen und gehen Generationen, und jede Gesellschaft glaubt, fortschrittlich zu sein und einen ehemaligen Unsinn durch eine echte, diesmal endgültige »Wahrheit« zu ersetzen. In der Welt, in der ich gegenwärtig lebe, soll der Mensch durch zwei neue »Erkenntnisse« umerzogen werden: Gender und Wokeness.

Mit dem Wort Gender bezeichnet man das psychologische Geschlecht eines Menschen im Unterschied zum biologischen Geschlecht. Gibt es denn ein psychologisches Geschlecht? Ja! Ein Mann kann sich schließlich als Frau fühlen, eine Frau als Mann.

Der Begriff Gender wurde 1985 an der UN-Weltfrauenkonferenz in Nairobi erfunden und 1995 auf der Weltfrauenkonferenz in Peking – wo sonst? – formuliert. Im Rahmen der Gleichheit von Mann und Frau verlangten einige der resoluten Damen ein Programm zur Durchsetzung der Gleichbehandlung der Geschlechter. Inzwischen ist Gender zu einer weltweiten Strategie herangewachsen. Gender-Mainstreaming ist sogar eines der Ziele der Europäischen Union. Doch aus einigen ursprünglich grundsätzlich richtigen Gedanken geriet Gender zu einem feministischen Weltdiktat. Kaum ein Wissenschaftler, geschweige denn ein Politiker hat noch die Zivilcourage, gegen das Thema

Stellung zu beziehen. Eine Ausnahme ist der deutsche Professor Ulrich Kutschera. (Uni Kassel und Standford, USA) In einem Interview mit dem deutschen Nachrichtenmagazin *Focus* bezeichnete Kutschera Gender als eine »irrationale Glaubenslehre«. [87] Mit Gender würden alle wissenschaftlichen Fakten der Biologie geleugnet. »Die Gender-Mainstream-Ideologie entstammt einer radikalfeministischen Sektenesoterik der 1960er-Jahre. Sie entbehrt jeder wissenschaftlichen Grundlage.« Der couragierte Professor hat seine Analyse gegen Gender in einem brillanten Sachbuch untermauert. [88]

Was soll denn falsch am Gendern sein? Wir werden doch alle gleichgemacht. Es gibt nur noch Unisex-Menschen. Das biologisch angeborene Geschlecht zählt nicht mehr. Knaben haben sich gefälligst zu schämen, mit einem Penis geboren zu sein.

Die ursprüngliche Idee zu diesem Irrweg stammt von dem neuseeländischen klinischen Psychologen John Money (1921–2006), der 1947 in die USA migrierte. Money behauptete bereits Mitte der 1950er-Jahre, dass alle Menschen als geschlechtsneutrale Wesen geboren würden. Im Rahmen eines Experiments ließ er den damals 22 Monate alten Bruce Reimer zum Mädchen umoperieren, während dessen eineiiger Zwillingsbruder Brian als Knabe heranwachsen durfte. Zusätzlich wurden Bruce, der jetzt Brenda hieß, noch vor Einsetzen der Pubertät weibliche Hormone verabreicht. Obschon diese perverse Zwillingsstudie total in die Hose ging, wird sie von den Gender-Anhängern immer noch als Beweis für die Unisex-Idee propagiert. Bruce Reimer nahm die ihm zugewiesene Geschlechterrolle nie an, nannte sich ab dem Alter von 14 Jahren »David« und beging mit 26 Jahren Selbstmord. Sein Zwillingsbruder Brian hatte sich 2 Jahre zuvor das Leben genommen.

Obschon man »Genderstudies« mittlerweile an Hochschulen studieren kann, bleibt das Thema (zumindest für mich) eine Lachnummer. Beim Stichwort Gender tauchen im Netz Schlagzeilen wie diese auf:

»Männer *müssen* diskriminiert werden«
»Gendergaga – Rebellion gegen Gottes Schöpfungsordnung«
»Die große Verschwulung«
»Krieg der Stern*chen«
»Ideologischer Wahnsinn«
»Gender-Blödsinn: Lufthansa schafft ›Damen und Herren‹–Durchsage ab«
»Gender: neumodischer Quatsch«

Wer sich heute nicht ans Gendern halten will, wird von der politisch linken Gesellschaft ausgeschlossen. *Der* liebe Gott, diese männliche Anrede darf es nicht mehr geben. Der weibliche Azubi (Auszubildende) wird zur Azubine. Der Lehrer wird zur Lehrkraft, ein Mann zum Menschen, Schüler und Schülerinnen werden zu SuS und die Opfer eines Schulmassakers zu »gestorbenen SuS«. Demnächst darf wohl auch »der« Penis nicht mehr existieren; er hat gefälligst weiblich zu sein. Der »Vatertag« gehört abgeschafft. Und wie wäre es mit »die Vergewaltigerin« und »die Sittenstrolchin«? Aus »die Deutsche« würde dann »die Deutscherin« und aus einem weiblichen »Gast« eine »Gästin«.

Andreas Rödder, Professor für neue Geschichte an der Johannes-Gutenberg-Universität in Mainz schreibt zu Gender:

Eine Minderheit mit dem Anspruch einer rechten Gesinnung zwingt der Mehrheit mit dem vermeintlich falschen Bewusst-

> sein ihren Willen auf [...]. Aggressiv wirkt diese Minderheit in Medien, Universitäten und Schulen darauf hin, die Sprache von oben zu verändern. Das ist kein Sprachwandel – das ist Sprachzwang einer woken Minderheit [...]. Es ist ein rücksichtsloser und ziemlich verlogener Kulturkampf [...]. Wir fordern ein Ende dieser Verlogenheit und wehren uns gegen einen Gesinnungszwang. Sprache ist das Gemeingut schlechthin. [89]

Seit der Mensch sprechen gelernt hat, lebt die Sprache. Sie verändert sich, passt sich der jeweiligen Zeit an, entwickelt neue Worte und Begriffe – etwa in der Wissenschaft – und ist volksnah. Gender will das Gegenteil erzwingen. Gender vergewaltigt die Sprache und unterläuft ihre natürliche Entwicklung. Es ist also ein widernatürlicher Vorgang.

Jan Fleischhauer, einer der bekanntesten Journalisten Deutschlands, meinte dazu:

> Die moderne Linke, jedenfalls in ihrem akademischen Teil, scheint vor allem mit der Frage beschäftigt, wie sie dafür sorgen kann, dass niemand vom rechten, also linken Weg abkommt. Ihre ganze Energie ist darauf gerichtet, dass die Menschen nicht das Falsche sagen. [90]

Gendergerecht zu leben ist das Gegenteil eines Sinns des Lebens: ein blöder Sinn.

Die zweite Moderichtung der Gegenwart ist die sogenannte Wokeness. Damit ist gemeint, sich beständig der mangelnden sozialen Gerechtigkeit und insbesondere des Rassismus bewusst zu sein. Eigentlich vernünftig – oder? Doch Wokeness wiederum ist direkt mit der »Critical Race Theory« (CRT) gekoppelt und die behauptet:

1. CRT kann nicht objektiv sein. Jedwedes Wissen ist politisch.
2. Rasse ist alles. Daher: Weg mit verlogener »Integration, Assimilation und Farbenblindheit«.
3. »Kulturhegemonie« festigt nur die soziale Ordnung – zugunsten der Machthaber.
4. Jede Diskriminierung ist strukturell, sie ergibt sich aus der Gesellschaft. Folglich gehört das System zerschlagen.
5. Chancengleichheit ist verlogen. »Verdienst« ist kein Maßstab, weil »die Mächtigen« über die Zuteilung bestimmen. Den »People of Color« hat man zu geben, was ihnen zusteht – aber nicht als Leistungsprämie.
6. »Affirmative Action« als Aufstiegsleiter ist Augenwischerei. Genauso wie die »Chancengleichheit«. Beides kaschiert nur die weißen Privilegien und garantiert allein den Fortbestand der weißen Vorherrschaft.

Das sind die sechs Hauptmerkmale der »Critical Race Theory« (CRT) wie sie William Galston zusammenfasste. [91] Und damit landet man geradewegs in einem neuen Rassismus. Radikal formuliert durch den Chefideologen der CRT, Ibrahim Kendi:

Nur künftige Diskriminierung kann die heutige beseitigen. [92]

Der Weiße ist also qua Geburt böse. Das »Weißsein« kann bestenfalls unterdrückt, aber niemals überwunden werden.

Professor Josef Joffe von der Johns Hopkins University School of Advanced International Studies in Washington beschrieb es klar:

> *Die CRT will weder vergeben noch versöhnen, denn Rassismus ist ein Teil der weißen DNS. Der Weiße kann ihn nicht abschütteln, weil er nicht kapiert, wie verdorben er ist. Sagt einer: ›Ich bin kein Rassist‹, beweist er nur, dass er einer ist. ›Black Lives Matter‹ ist korrekt. ›All Lives Matter‹ ist Rassismus.* [93]

Dass in der Vergangenheit Rassismus mit schrecklichen Folgen für die Unterdrückten praktiziert wurde, ist eine Tatsache. Der weiße Mensch des Jahres 2022 ist aber nicht schuldig für die Untaten seiner Urururgroßväter. Die lebten in einer anderen Epoche, und es herrschte ein anderer Zeitgeist. Genauso darf nicht aus dem Blick geraten, dass sämtliche Religionen quer durch alle Zeiten Andersgläubige verfolgten, dass auch die »People of Color« unter sich Kriege führten und sich gegenseitig abschlachteten. Die gefundenen Schädel der Azteken und der Maya in Zentralamerika beweisen es. Die Auffassung »Wir sind besser als die anderen« existierte zu allen Zeiten und unter allen Ethnien quer durch die Geschichte. Doch die moderne Wissenschaft, die heute der *gesamten* Menschheit hilft, die Krankheiten kuriert und die Last der Arbeit durch Maschinen erleichtert, entstand in den fortschrittlichen Ländern. Das Argument, man habe die anderen ja gar nicht erst zum Zuge kommen lassen, sticht nicht. Die über Jahrzehnte geleisteten, Aberbillionen schweren Entwicklungshilfen widerlegen dies. Und die Abschaffung der Sklaverei entstand aus dem Gedankengebäude der westlichen Welt heraus.

Heute propagiert die Woke-Bewegung einen neuen Rassismus. Bloß farbenverkehrt. Die Auswüchse dieses Denkens erleben wir tagtäglich. Menschen, die der Woke-Politk nichts abgewinnen können, werden von der Gesellschaft ausgeschlossen. Sie werden aus ihren Positionen gedrängt – seien es Wissenschaftler, Journalisten, Arbeiter oder Hochschuldozenten. Die amerikanische Historikerin Anne Applebaum, die unzählige Interviews mit Wokeness-Opfern führte, beschreibt es so:

> Das Erste, was passiert, wenn man eines sozialen Regelverstoßes beschuldigt wird und plötzlich im Zentrum eines Sturms in den sozialen Medien steht, ist: Das Telefon hört auf zu klingeln, die Leute reden nicht mehr mit einem. Zu dem seelischen Druck, der dadurch aufgebaut wird, gesellt sich bald die Angst um die finanzielle Existenz. Denn das Zweite, was geschieht, ist: Wenn du Professor bist, will dich niemand mehr als Lehrer oder Mentor haben. [94]

Mittlerweile erscheinen alleine im deutschsprachigen Raum jährlich rund 60 000 Buchtitel. Dazu gesellen sich unzählige Zeitungen und Magazine. Eigentlich eine phänomenale Meinungsvielfalt – sollte man glauben. Doch in den meisten Publikationen findet sich vorwiegend derselbe woke-korrekte Meinungsbrei. Wer sich gegen das Woke-Diktat stellt, muss in eine Art von Meinungsuntergrund abtauchen. Der deutsche Journalist Werner Reichel vermerkt dazu:

> [...] der politisch korrekte Buchhändler achtet auf seinen vermeintlich guten, sprich linken Ruf. Werke, welche die vorherrschende neosozialistische Ideologie und deren Vertreter kritisieren oder hinterfragen, verkauft er nicht. Egal, ob Belletristik oder Sachbuch. [95]

Was heute im täglichen Literatur- und Journalistikbetrieb geschieht, ist eine zivilisatorische Schande. Und das betrifft nicht nur die schreibende Zunft, sondern genauso die Kunst, das Theater, das Kabarett oder den Lehrbetrieb. Zudem ist die allseits verordnete Wokeness im Kern verfassungswidrig. Jede demokratische Nation – wie auch die übergeordnete UNO – garantiert die freie Meinungsäußerung. Artikel 5, Absatz 1 des Grundgesetzes der Bundesrepublik Deutschland hält fest:

> *Jeder hat das Recht, seine Meinung in Wort, Schrift und Bild frei zu äußern und zu verbreiten und sich aus allgemein zugänglichen Quellen ungehindert zu unterrichten. Die Pressefreiheit und die Freiheit der Berichterstattung durch Rundfunk und Film werden gewährleistet. <u>Eine Zensur findet nicht statt.</u>*

Was ist aus dieser staatlichen Garantie geworden? Ein genormter Käse, in welchem jede andere Meinung gar nicht erst veröffentlicht wird – es sei denn in einem verpönten Medium. Heute, im Jahr 2022, ist die Hälfte der deutschen Bevölkerung davon überzeugt, eine freie Meinungsäußerung sei nicht mehr möglich, ohne mit negativen Folgen rechnen zu müssen. [96] Die Verleger – egal ob Presse oder Buch – haben es in der Hand, dieser (Selbst-)Zensur ein Ende zu bereiten. Bitte druckt und verbreitet die Ansichten eurer Journalisten und Autoren ungehindert wie früher und kümmert euch einen Dreck um das Woke-Diktat. Eine wachsende Leser- und Zuschauerschaft wird es honorieren. Niemand sollte sich durch Wokeness in eine mittelalterliche Engstirnigkeit zwingen lassen. Woke ist verlogen, scheinheilig und durch und durch rassistisch.

Da gibt es in Bern eine staatlich geförderte kulturelle Institution, die »Berner Dampfzentrale«. Doch Zutritt haben nur Leute, welche der »BIPoC« angehören. »BIPoC« bedeutet: »Black, Indigenous, People of Color« – weißen Menschen wird der Einlass zu Kulturanlässen verweigert. Rassismus pur. Und dieser Verlogenheit wird auch noch das Mäntelchen »fortschrittlich« umgehängt.

Noch deutlicher: Die international führende digitale Plattform Pinterest »verbietet sämtliche Inhalte, die den Klimawechsel, seine Auswirkungen, den menschlichen Einfluss auf ihn oder den wissenschaftlichen Konsens in Bezug auf ihn infrage stellen. [97] Auch »irreführende Behauptungen« zu Lösungen des Klimawandels sind untersagt.

Im Grundgesetz heißt es doch: *Eine Zensur findet nicht statt.* Was kümmert das die Selbstherrlichen? Sie diktieren die Meinungen. Was die Wahrheit sein soll, bestimmen inzwischen sogenannte Faktenchecker – die nächsten Wichtigtuer im System der Clowns.

Sowohl Gender als auch Woke wollen die Vielfalt der Menschen zur Einfalt trimmen. Doch Männer *haben* nun mal einen Penis und Frauen andere Geschlechtsmerkmale. Denken zu *müssen*, das sei falsch, kommt einer Verkrüppelung des Verstandes gleich und erinnert an die bolschewistische Gleichmacherei während der kommunistischen Revolution von 1917. In jener Zeit wollten die Bolschewiki alle von der Natur geschaffenen Unterschiede abschaffen. Nicht nur wirtschaftlich, sondern auch in der menschlichen Denkweise. Alle sollten gleich denken. Das entsprach der reinen Lehre von Karl Marx. Kommunistisches Denken war und ist immer vom Neid diktiert: Warum hat der Andere etwas, das ich nicht habe? Weshalb wohl? Weil jeder Mensch einzigartig und unvergleichlich ist. Selbstverständlich sind wir *Menschen*, und als solche erleben wir Tausende von Gefühlen und Handlungen gemeinsam. Die Querverbindungen zwischen den Synapsen im Computer unserer Gehirne funktionieren bei allen gleich – über die elektrischen Impulse –, doch die Inhalte sind von Mensch zu Mensch anders – und wenn es nur ein Quäntchen anders ist. (Ich habe das Thema in mehreren Büchern behandelt. [6, 64, 71])

Wozu sind wir auf Erden? Was ist der Sinn des Lebens? Um für die gerade herrschende Ideologie zu kämpfen? Um in einer Religion aufzugehen? Um zu lieben und geliebt zu werden? Um stumpfsinnig glücklich zu sein? Um zu leiden? Um von unbekannten Wesen – Modell »Matrix« – gesteuert zu werden? Wozu? Mit welchem Ziel? Um einst »in den Himmel zu kommen«? Um auf irgendeinen »Erlöser« zu warten? Erlösung *wovon*? Um über die Leere unseres Daseins nachzudenken? Um Kinder zu zeugen? Hat jeder Einzelne seinen individuellen Sinn des Lebens oder hat die Menschheit in ihrer Gesamtheit einen vorherbestimmten Zweck?

Die Evolutionstheorie behauptet, das Leben sei zufälligerweise entstanden, und im Verlaufe von Jahrmillionen seien wir zu dem geworden, was wir sind. Aber das gilt doch auch für die Kriechtiere oder Käferarten, die Millionen von Jahren älter sind als wir. Unterscheidet sich *ihr* Sinn des Lebens von unserem? Der Unterschied zwischen einem Schimpansen und uns wird offensichtlich beim Thema Kultur. *Wir* produzieren Musik, Malerei, erfinden Werkzeuge und technische Geräte. All das geht dem Schimpansen ab.

Weshalb wurde der Mensch zur Intelligenzbestie? Weshalb durchbrach er das Animalische? Weil er dazu »produziert« worden ist. Und exakt hier verläuft die Schnittstelle zum Sinn des Lebens. Der »Produzent« verfolgte eine bestimmte Absicht. Dem Leser dürfte inzwischen klar geworden sein, dass der »Gott« des Alten Testaments kein »grandioser Geist der Schöpfung« war. Jener »Gott« erwies sich als selbstherrlich, gebieterisch, rücksichtslos. Den damaligen Menschen technologisch haushoch überlegen, verfügte er über mörderische Waffensysteme und fuhr mit viel Getöse auf den heiligen Berg hernieder. Weit entfernt von einer spirituellen Kraft. Jener »Gott« des Alten Testaments entpuppt sich klar als Außerirdischer.

Bei diesen Gedanken an Außerirdische geht es schon lange nicht mehr um eine Spekulation, eine Theorie oder eine Hypothese. Der Besuch von Außerirdischen in der Vergangenheit ist eindeutig beweisbar. Den Skeptikern, die nichts davon wissen wollen, fehlen die Informationen. Sie wenden sich aus angeblich rationalen Gründen von dem Thema ab, benehmen sich – wie es der Vater der Weltraumfahrt, Professor Hermann Oberth nannte – »wie gestopfte Gänse, die nichts mehr aufnehmen wollen«. Jene ETs haben seinerzeit vereinzelte Menschen mit in ihre Raumschiffe genommen. Diese Menschen erlernten die Sprache der Fremden, sie erlernten auch das Schreiben, und sie deponierten ihr Wissen in Büchern wie beispielsweise dem Buch Henoch. [98] Dieser Henoch nennt sogar die Namen seiner Lehrmeister, der »Wächter des Himmels«. Was verlangt man eigentlich noch mehr? Einer von ihnen sagt zum jungen Henoch:

Menschensohn, blicke hinaus, siehst du das kleine Licht dort draußen? Ihr Menschen sagt ›Mond‹ dazu, doch der Mond

hat gar kein eigenes Licht. Er bezieht sein Licht von der
Sonne.

Anschließend erklärt der ET dem Menschen die Mondphasen.
Doch unsere Skeptiker haben keine Ahnung von diesen und
ähnlichen Überlieferungen. Sie wenden sich ab. Dabei hätte
beim nachfolgenden Zitat schon jeder Bibelleser stutzig werden müssen:

> Als aber die Menschen anfingen, sich auf der Erde zu mehren,
> sahen die Gottessöhne, dass die Töchter der Menschen
> schön waren, und sie nahmen sie sich zu Weibern, welche sie
> nur wollten. (1. Mose 6, 1)

»Gottessöhne«? Ein spiritueller Gott hat keine Söhne. Und
»Geistwesen« würden auch keinen Sex treiben.

Selbstverständlich tun sich bei der Annahme, Außerirdische
hätten vor Jahrtausenden die Erde besucht, Widersprüche auf.
Doch für sämtliche dieser Widersprüche gibt es sinnvolle Antworten, von denen die Skeptiker so wenig wissen wie von der
Beschreibung eines Propheten Hesekiel in der *Bibel*.

Dieser »Augenzeuge« – dessen Worte man ja mal nachlesen
könnte – sieht die »Herrlichkeit des Herrn« herniederfahren.
Er beschreibt den Lärm, den das Fahrzeug verursacht (»wie
das Getöse eines Heerlagers, wie das Rauschen und Donnern
vieler Wasser«), beschreibt die Flügel, die Räder und Metallbeine des Vehikels. Die Skeptiker wissen nichts davon und
die Theologen, gläubig bis zur Verdummung, zaubern daraus
eine »Vision«.

Mittlerweile ist die zeitgemäße Betrachtung alter Schriften im Gange. So übersetzte der Autor Hermann Burgard uralte Keilschriften neu. Burgard ist ein Fachmann für Sumerologie. Er kennt jeden Wortstamm, jede Querverbindung und jede frühere Publikation aus der Altorientalistik. Nun hat sich Burgard mit den Texten der Priesterin Encheduanna befasst, und die drückte bereits vor 4300 Jahren Schriftzeichen in feuchte Tontafeln. Aus den Texten beweist Burgard die ehemalige Existenz einer Raumstation im Orbit um die Erde. Jenes Weltraumhabitat wurde von der Erde aus »mit kleineren Geräten erreicht«. [99] Diese kleineren Fahrzeuge – heute würde man sie Spaceshuttle nennen – dockten außerhalb der Erde in einer Landebucht an, »die sich wie eine Falle schloss«. In seinen neuesten Studien – veröffentlicht unter dem Titel *Dingir* – zitiert Burgard auch Korrespondenzen mit seinen Fachkollegen, die immer noch an den alten Auslegungen kleben. Darin belegt er eindeutig, dass in sumerischen Keilschriften von Fluggeräten die Rede ist.

Als Dingir wurden von den Babyloniern Entscheider/ Befehlsgeber mit Flugschalen und anderen Flugapparaten bezeichnet, die [...] aus einer Orbitalstation ›Himmel‹ herabgestiegen sind. [100]

Ich kann von niemandem erwarten, meine bis heute 44 (!) Bücher gelesen zu haben, aber wer alles in Bausch und Bogen ablehnt, was irgendwie mit Außerirdischen zusammenhängt, hat – den Göttern sei's geklagt – keine Ahnung von den aufregenden Ereignissen, die sich vor Jahrtausenden auf unserer Erde abspielten. Also muss ich auf den folgenden drei Seiten zum x-ten Male darlegen, was bereits in meinen vorangegangenen Büchern steht. Weshalb? Um klarzumachen, wozu wir auf Erden sind. Wir sind nicht zufälligerweise bloß das Produkt einer himmelschreienden Evolution – wir sind »geschaffen« worden. Und unsere »Erschaffer« kreierten uns nicht zum Spaß. Die menschliche Art hat ein Ziel.

Irgendwo und irgendwann bildete sich die erste Zivilisation in den Weiten des Universums. *Wie?* Niemand kennt die Antwort. Jene Zivilisation hatte ein Interesse daran, sich im Universum auszubreiten. *Weshalb?* Um die Bestie »Neugierde« zu befriedigen. Die Neugierde ist Bestandteil jeder Intelligenz. Ohne Neugierde kein Wissen. Jene intelligente Spezies – ich nenne sie »Nummer 1« – wollte herausfinden, ob sie in den Weiten des Universums alleine sei. Jetzt wimmelt es aber von Trillionen von Sonnen dort draußen, und die alle mit Raumschiffen anzufliegen wäre unmöglich. Also wählte Nummer 1 einen anderen Weg und »infizierte« einen Sektor ihrer Milchstraße mit den Lebenskeimen der eigenen Art. *Wie das?* Man »blies« Trillionen und Abertrillionen der *eigenen Lebensbausteine* in die Leere des Universums hinaus. So ähnlich wie wir Staub in einem Raum verteilen würden. In unserem Fall wären das DNS-Makromoleküle: Die Bausteine des Lebens. Jeder einzelne Mensch besteht aus Trillionen davon, und die Eidgenössisch Technische Hochschule (ETH) in Zürich bewies, dass DNS alle Widrigkeiten wie etwa Temperaturschwankungen oder das Vakuum übersteht.

Nummer 1 war klar, dass der größte Teil ihrer Lebensbausteine irgendwo in Sonnen verglühen oder in den Anziehungsbereich von völlig ungeeigneten Planeten geraten würde. Unwirtliche Welten wie etwa unser Merkur – viel zu heiß – oder Jupiter – viel zu schwer. Klar war aber auch: Dort draußen existierte dennoch ein Bruchteil von Planeten, die ähnlich waren wie die Heimatwelt von Nummer 1. Einige der hinausgeschickten DNS-Moleküle würden unvermeidlich auch solche Planeten erreichen und eine Evolution in Gang setzen. Und so war der Beginn des Lebens auf der Erde kein Zufall. Die Information – die DNS – kam von außen. Die wissenschaftliche Hypothese dazu nennt sich »Panspermie« (zu Deutsch so viel »All-Saat«). Dies bestätigen eine ganze Reihe von führenden Wissenschaftlern, allen voran der sri-lankische Astrophysiker Chandra Wickramasinghe:

> Auf der Erde hat es das Stadium der ›Heimarbeit‹ nie gegeben. Als wir das Leben empfingen, waren alle biologischen Grundfragen bereits gelöst. [101]

Die Evolution wiederum kennt »zwingende Formen«. Neben all dem Getier würde sich auch ein affenartiges Wesen entwickeln mit einem Kopf, mit Füßen und Armen und Händen, um Werkzeuge zu bedienen.

Irgendwann machte sich Nummer 1 mit Raumschiffen auf den Weg. *Wohin?* Zielgerichtet nur dorthin, wo sie aufgrund ihrer astronomischen Beobachtungen wussten, dass dort Planeten innerhalb einer habitablen Zone um ihre Sonne kreisen wie in ihrem Heimatsystem. (Unsere heutigen Astronomen wissen auch, um welche Sonnen erdähnliche Planeten kreisen.) Die Raumfahrer von Nummer 1 fuhren also nicht planlos in die Weiten des Raums hinaus. Sie kannten ihre Ziele. Ein solches war die Erde. Wie erwartet, fand Nummer 1 hier Abertausende von Lebensformen, darunter auch unsere Vorfahren, irgendein affenartiges Wesen. Nummer 1 schnappte sich ein paar Exemplare davon und veränderte die DNS – die Basenreihenfolge der Moleküle. Heute weiß jeder Student der

Genetik, wie das funktioniert. Die veränderten Zellen ließ man in einer Nährlösung wachsen und transplantierte sie in die Gebärmutter eines weiblichen Exemplars. Das Weibchen gebar ein Kind. Doch durch die *künstliche Mutation* verfügte dieses Kind jetzt über einige Erbfaktoren mehr als die bisherigen Nachkommen. Der aufrechte Gang. Die Anlage zur Sprache – Kommunikation wurde möglich, welche die Basis jeden Wissens darstellt.

Um eine neue Population aufzubauen, benötigte man aber mindestens zwei von jeder Sorte: Ein Männchen und ein Weibchen. Und damit landet man bei der Legende von Adam und Eva.

> *Und die Götter sprachen: Lasset uns Menschen machen nach unserem Bilde, uns ähnlich; die sollen herrschen über die Fische im Meer und alle Vögel des Himmels, über das Vieh und alles Kriechende, das auf der Erde sich regt. Und die Götter schufen den Menschen nach ihrem Bilde, nach dem Bilde Gottes schufen sie ihn.* (1. Mose 1, 26 ff)

Die Information jener Veränderung steckt im Genom jedes Menschen. Unsere Genetiker können diese *künstliche Mutation* in unseren Genen leicht nachweisen. Nur trauen sie sich nicht, damit an die Öffentlichkeit zu gehen. Der Zeitgeist, die gerade herrschende »Vernunft«, verbietet es. Zudem ließen jene ETs auch Spuren auf einigen Planeten in unserem Sonnensystem zurück. Klipp und klar fotografiert von mehreren NASA-Sonden auf der Marsoberfläche (Abb. 1 und 2) und dem Asteroiden Ceres (Abb. 3 und 4). Da wir Menschen bislang weder auf dem Mars noch auf Ceres gelandet sind, ist die Beweislage eindeutig: Es geht um die Überbleibsel einer fremden Intelligenz. Sinnlos dagegen anzuschreien. Vor Jahrtausenden besuchten ETs unser Sonnensystem.

Nun lautete der Auftrag jener Außerirdischen, hinauszugehen in alle Welten. Sich zu vermehren und auszubreiten.

Obschon die Menschheit in den vergangenen Jahrzehntausenden immer wieder durch Kriege und Naturkatastrophen aus der Bahn geworfen wurde, ist *etwas* trotzdem unaufhaltsam gewachsen: der technische Fortschritt. Die Menschheit entwickelte unglaubliche Technologien, und ein Ende ist nicht abzusehen. Dies war Absicht der »Erschaffer«. Festgehalten im »Buch der Bücher«:

Und der Herr sprach: Dies ist erst der Anfang ihres Tuns; nunmehr wird ihnen nichts unmöglich sein, was immer sie sich vornehmen. (1. Mose 11, 6)

Jeder von uns trägt sein Schicksal. Der Einzelne fragt sich: »Wozu bin ich auf Erden?«, und findet die Antwort in seiner Religion oder Weltanschauung. Jeder erlebt, erduldet sein persönliches Leben, doch als *gesamte Menschheit* geht es unaufhaltsam in Richtung zu noch mehr Technologie. Vom Pfeil und Bogen zur Eisenbahn, zur Waschmaschine bis zur H-Bombe und zur künstlichen Intelligenz. Der Lebenszweck der Menschheit besteht darin, noch raffiniertere, noch wirkungsvollere – und zweifellos auch umweltfreundlichere – Technologien zu entwickeln. Technologien, die es möglich machen, gigantische Mutterraumschiffe zu konstruieren. Dann fliegen auch wir hinaus, besuchen neue Sonnensysteme und »infizieren« eine andere Spezies mit Intelligenz. Wir sind Teil eines groß angelegten Schneeballsystems.

Nun gut, werden Sie sagen, die Intelligenz soll sich also im gesamten Universum ausbreiten, aber *weshalb*?

Stellen sie sich einen Computer vor, der alles weiß. Einfach alles. Nennen wir diesen Computer »Gott« oder »grandioser Geist des Universums«. Alles zu wissen ist langweilig. Der Computer »lebt« still vor sich hin und langweilt … langweilt … langweilt sich. Diesen Zustand will das »Ding« beenden. Es will sich erweitern, vergrößern, aber wie? Der Computer kommt auf eine kuriose Lösung. Wie wär's, wenn er sich selbst abschafft und gleichzeitig neu erschafft? Also löst sich der Computer auf, entlässt seine Bits – stößt sie ab. Die Bits treiben nun im Universum. Als »Einzel-Bit« weiß keines von ihnen, dass es ursprünglich zu einem gigantischen Computer gehörte. Ein Bit findet ein anderes Bit. Gemeinsam fragen sie sich: Was ist der Sinn unserer Existenz? Sie wissen, dass es einen Ursprung geben muss – denn von nichts kommt nichts, auch kein einzelnes Bit. Je mehr Bits sich zusammenfinden – Millionen von ihnen – desto mehr beginnen sie zu ahnen, dass sie Bestandteil eines größeren Gebildes sind. Sie nennen es »Gott« oder »grandioser Geist der Schöpfung«. Ihr Wunsch, wieder vereint zu werden, steht über allem. Sie besiedeln das Universum, tun sich zu immer größeren Einheiten zusammen. Und irgendwann ist der ursprüngliche Computer namens »Gott« wieder existent.

Und wozu das? Was ist jetzt anders als vorher? Jedes einzelne Bit und jede Zusammenballung von Bits erlebte etwas Neues. Jedes und jede durchlief andere Epochen, erlebte Krieg und Frieden, Freud und Leid, Entdeckungen und Fortschritte, Religionen und Weltanschauungen … Die Bits brachten Leben in die ursprüngliche Langeweile des Computers »Gott«. Nachdem »Gott« alle Erfahrungen seiner Bits genossen hatte, beschließt er, dasselbe Spiel wieder und wieder durchzuführen. Neue Big Bangs gebären neue Universen. Galaxien kommen und verschwinden. Unvorstellbare Lebensformen aller Art entstehen. Sie erleben, erleiden und erfühlen ihre Welten und ahnen in ihrem Unterbewusstsein doch etwas Zwingendes: Wir alle sind Bestandteil von etwas viel Größerem.

Wir alle – jede Lebensform – sind mithin ein mikroskopisch kleines Teilchen von »Gott«. Gemeinsam *sind* wir die Akasha-Chronik oder auch der grandiose Geist der Schöpfung.

Unfrisierte Gedanken

»Die spinnen, die Römer!«, steht irgendwo bei *Asterix*. Die spinnen, die Menschen, steht hier.

In den Jahren 2021/22 sind auf der Erde 24 bewaffnete Konflikte im Gange. Wo?

- Afghanistan, seit 1978
- Äthiopien, seit 2020
- Belutschistan (Pakistan), seit 2021
- Chile, seit 2021
- Indien (Kaschmir), seit 1990
- Irak, seit 1998
- Israel/Palästina, immer wieder
- Jemen (Huthi), seit 2014
- Kamerun, seit 2018
- Kolumbien, seit 1964
- Kongo, seit 2005
- Libyen, seit 2017

- Mali, seit 2012
- Mosambik, seit 2019
- Myanmar, seit 1948
- Nigeria, seit 2009
- Pakistan (Taliban), seit 2007
- Philippinen (NPA), seit 1970
- Somalia, seit 1988
- Sudan, seit 2010
- Syrien, seit 2011
- Thailand, seit 2004
- Türkei (Kurden), seit 2004
- Ukraine, seit 2014

Die Liste entnehme ich der »Berghof Foundation« in Tübingen. [102] Dort wird zusätzlich auf Konflikte hingewiesen, unter denen auch die Nachbarländer leiden. Beispielsweise betrifft der Konflikt in Nigeria auch Kamerun.

Die Frage bleibt: Weshalb nur kämpfen Menschen bis aufs Blut gegen Menschen? Weshalb reden die Streithähne nicht miteinander? Warum findet oft über Generationen keine Versöhnung statt – wie im Konflikt der Israelis und der Palästinenser? Warum sitzt die Wut, die Verbitterung, derart tief, dass gar keine Lösung gewünscht wird? Ist der Streit unter den Menschen der eigentliche Lebenszweck des Menschen? *Müssen* wir Kriege führen, um technologisch weiterzukommen? Hatte der griechische Philosoph Heraklit (520–460 v. Chr.) recht mit seiner Behauptung, der Krieg sei der Vater aller Dinge?

Unbestritten ist jeder Krieg die Keimzelle für noch mehr Technologie. Der Angreifer erfindet stets gefährlichere Kampfmaschinen und der Verteidiger noch raffiniertere Abwehrmethoden. Vermutlich stritten unsere steinzeitlichen Vorfahren um das größte Stück Fleisch und um ihr Jagdrevier. Dann taten sie sich zu Gemeinschaften zusammen, um wiederum gegen andere Gemeinschaften zu streiten. Bald ging es um Land: Hier leben wir! Das gehört uns! Ihr Fremden habt hier nichts zu suchen. Haut ab oder wir töten euch! Und irgendwann kam die Religion. Ein »Gott« hatte eine Gruppe bevorzugt – sie »auserwählt«. Jetzt galt das »Wort Gottes«. *Er* hat gesagt – *er* hat uns befohlen – *er* hat uns beauftragt. In den Köpfen einiger Vorfahren machte sich die Wichtigtuerei, das Gefühl der Überlegenheit, breit. Es entwickelten sich immer mehr Alphamenschen: die An- und Wortführer. Sie glaubten sich im Besitz besonderer Wahrheiten, die man »den anderen« nahebringen musste. Doch »die anderen« wollten nichts davon wissen. So entstanden die ersten Religionskriege. Der Glaube galt fest – die Rechthaberei obsiegte über den Verstand. Wir haben Recht! Die Vernunft starb. Im Zeichen des Glaubens zerbrachen Freundschaften, zerrissen Familienbande. Die Alphamenschen wussten ihre Gruppen zu überzeugen. Widerspruch wurde abgewürgt. Jeder fühlte sich genötigt, Partei zu ergreifen. Wer das nicht tat, wurde ausgeschlossen. Ein Kriegsgrund – die Ausrottung oder zumindest die »Umerziehung« des Gegners – wurde unausweichlich herbeigeredet.

Gründe für einen Krieg fand jede Gruppe. Wenn's nicht die Religion war, war's das Vaterland. Der eigene Grund und Boden. Oder die andere Rasse, die angeblich minderwertiger war als die eigene.

Milliarden von fehlgeleiteten Menschen – allesamt von ihrer Sache überzeugt – gaben ihr Leben für ihre jeweilige Religion. Und die Priester segneten sie sogar noch, mitsamt ihren Waffen, bevor sie in den Kampf zogen. Da dauerte es nicht lange, bis einige Geschäftstüchtige erkannten, dass sich mit Krieg viel Geld verdienen ließ. So entstand eine Rüstungsindustrie, die bis heute dafür sorgt, dass die Konflikte nie enden. Reichere Nationen versorgen die ärmeren mit Waffen, damit sie sich verteidigen können. Eine Endlosspirale. Spezialisten werden an den Kriegswerkzeugen geschult – bis wieder neuere, technisch noch raffiniertere Systeme entwickelt werden. Billionen von Dollar werden in die kriegsführenden Länder verschoben. Und jedermann wird auf die eine oder andere Weise genötigt, Partei zu ergreifen.

Wie ist dieser Irrsinn zu stoppen? Wie bekommt man die Kriegstreiber zum Schweigen? Heute unterhalten alle größeren Universitäten zumindest ein Büro für Friedensforschung. Dasselbe tun die Nationen. Es wird über die Ursachen von Krieg geforscht und über die Möglichkeiten einer Konfliktbehebung. Obschon diese Einrichtungen seit Jahrzehnten bestehen, obschon alle zu denselben Resultaten kommen, ändert sich nichts. Im menschlichen Irrenhaus geht alles weiter wie gehabt. Friedensforschung und gute Ratschläge hin oder her: Neue Konflikte werden angezettelt. Wie könnte dieses Sich-gegenseitig-Abschlachten gestoppt werden?

Ein Traumszenario wäre das Eingreifen von Außerirdischen. Utopisch? Absurd? Keines ernsthaften Gedankens würdig? Dabei ist genau dies bereits zweimal geschehen – und die wenigsten Menschen haben je etwas davon gehört.

Robert Salas, Oberleutnant der U.S. Air Force, versah am 16. März 1967 seinen Dienst im Bunker der Malmstrom Air Force Base im US-Bundesstaat Montana. In regelmäßigen Abständen blickte er zu den grünen Lichtlein, welche die Abschussbereitschaft der zehn Interkontinentalraketen signalisierten. Früh morgens um 7:12 Uhr erhielt er einen Anruf von außerhalb des Bunkers. Über der Anlage schwebe ein orangefarbenes Licht, meldete ein aufgeregter Posten. Das Licht vollführe Zickzack- und Dreiecksmanöver und komme dem Bunker gefährlich nahe. Ob sie darauf schießen sollten? Noch während Robert Salas zum zweiten Telefon greifen konnte, um den Kommandanten zu informieren, erloschen sämtliche grünen Lichtlein und schalteten auf Rot. Dies bedeutete: Keine der zehn Minuteman-Raketen war mehr startbereit. Ohne diese Raketen wären die USA einem fremden Angriff wehrlos ausgeliefert gewesen.

Anfänglich nahm der US-Geheimdienst an, es handele sich um eine neue Waffe der Sowjets. Vielleicht hatten die eine Art von Strahlung entdeckt, mit welcher sich die Elektronik in Raketen ausschalten ließ? Später stellte sich heraus, dass den Russen dasselbe widerfahren war. Auch ihre Raketen waren von einem »orangen Licht« über der jeweiligen Basis stillgelegt worden.

Die Skeptiker, die für (fast) alles eine »natürliche« Erklärung aus dem Hut zaubern, um ihren Verstand einzulullen, schwafelten von Drohnen und Strahlenversuchen. Als ob es im Jahre 1967 derartige Drohnen gegeben hätte – von einer »intelligenten Strahlung«, welche die Raketen lahmlegte, ganz zu schweigen.

Offensichtlich hatte eine außerirdische Macht der Menschheit demonstriert, dass sie jederzeit in der Lage war, deren Raketen lahmzulegen. Das Gute dabei? Hätte damals, in den Zeiten des

Kalten Krieges, irgendein Verrückter den Befehl zum Abschuss von Raketen gegeben – den roten Knopf gedrückt –, nicht eine einzige Missile wäre gestartet. Von keiner der Kriegsparteien. [103] Der selbst von der US-Regierung eindeutig bestätigte Malmstrom-Air-Force-Base-Fall *beweist* – und dies ist das richtige Wort dafür –, dass Außerirdische uns beobachten. Sie lassen uns zwar machen, was wir wollen, signalisieren aber: Finger weg von den Atomraketen. Es darf auf der Erde keinen Nuklearkrieg geben.

Warum diese Fürsorge? Kann es den ETs nicht egal sein, was die Menschheit tut? Betrachten die uns nicht ohnehin so, wie wir Menschen das Treiben von Ameisenvölkern beobachten?

Intelligente Köpfe aus der Wissenschaft machten sich Gedanken über das kuriose Verhalten der Außerirdischen. Insbesondere die US-Astronomen Professor Ronald Bracewell und James W. Deardorff publizierten Abhandlungen darüber. [104, 105, 106] So entstand die sogenannte »Zoo-Hypothese«.

Nach dieser Annahme betrachten Außerirdische unsere Erde als eine Art von zoologischem Garten. Voraussetzung für das Funktionieren eines Zoos ist sowohl das Wohlwollen der Wärter als auch das der Besucher. So ist es den Besuchern verboten, Nistplätze von seltenen Vögeln zu stören, Krokodile mit lebenden Hunden zu füttern, Löwen zu reizen oder Giftschlangen zu stehlen. Alle Zoobesucher haben sich an die Regeln zu halten. Die Tiere befinden sich ausschließlich zur Betrachtung und zum Studium im Zoo. Die Wärter ihrerseits achten genau auf die Einhaltung der Spielregeln.

Nun beobachten die Wärter, dass eine Spezies unter den Tieren mehr Intelligenz entwickelt als alle anderen. Diese – der Mensch – besitzt die Fähigkeit zum philosophischen Denken, zur Abstraktion, zur Mathematik und zur Kultur. Die Menschen sangen im Chor, sie betrieben Malerei, schnitzten Holzfiguren, hämmerten an Steinen herum und begannen, sich komfortable Behausungen zu bauen. Für die Zoowärter war es nur eine Frage der Zeit, bis die Menschen versuchen würden, aus dem Zoo auszubrechen. Sollte man das zulassen? Bedeuteten die Menschen womöglich eine Gefahr für die Lebensformen außerhalb des Zoos? Würden sie Waffen entwickeln und Kriege anzetteln?

Die Wärter kamen zu dem Schluss, einen Ausbruch der Spezies Mensch aus dem Zoo zu verhindern. Und das so lange, bis diese begriffen hatte, dass sie nicht die einzige intelligente Lebensform in ihrem Universum war. An dem Tag, an dem die Menschheit bescheiden und respektvoll handeln würde, dürfte sie den Zoo verlassen.

Die Menschheit von heute ist weit entfernt von dieser Erkenntnis. Die Wissenschaft ziert sich qualvoll, außerirdisches und erst recht *intelligentes* außerirdisches Leben zu akzeptieren.

Der Fall von Robert Salas spielte sich am 24. März 1967 ab. Damals wurde er geheim gehalten. Doch seit über 30 Jahren ist die spektakuläre Abschaltung der zehn Minuteman-Raketen auf der Malmstrom Air Force Base bekannt. Bücher sind zu dem Thema geschrieben worden, und Robert Salas hielt unzählige Vorträge. Er schilderte – und tut's auch heute noch –

das dramatische Ereignis auf YouTube. Selbst die US-Regierung bestätigte den Malmstrom-Fall mehrmals.

Dementsprechend hätte die Angelegenheit Schlagzeilen produzieren müssen. Doch was geschah und geschieht auch heute immer noch? Keinerlei Reaktion unserer Astronomen und Astrophysiker. Wie Klammeräffchen hängen sie am gerade herrschenden Zeitgeist. »Wir kennen keine außerirdische Intelligenz.« Basta!

Weshalb befasst sich kein seriöser Wissenschaftler mit dem Thema Außerirdische? Weil er von seinen Kollegen und damit den Medien lächerlich gemacht würde. Dabei wäre ein Kontakt mit Außerirdischen ein grandioses Argument, schlagartig auf irdische Kriegshandlungen zu verzichten. Weshalb? Weil die Außerirdischen uns Menschen mit einem viel höheren, viel faszinierenderen, viel wünschenswerterem Ziel begeistern könnten: dem Zutritt zum »Galaktischen Club«. Angesichts der unermesslichen Dimensionen im Kosmos und der gigantischen Kontaktmöglichkeiten verlören die irdischen Kriege jede Begründung. Die Kriegstreiber könnten zusammenpacken, das Gift der Ideologen würde unwirksam.

Die »Wir-sind-die-einzige-Intelligenz-Theorie« entstammt unserer Eitelkeit. Sie schmeichelt den Menschen. Doch sie ist definitiv falsch. Wir sind nicht allein. Allein das Ereignis mit den unwirksam gemachten Minuteman-Raketen reicht für diese Erkenntnis. Öffnet erst der Kosmos seine Tore, werden die Erdenkriege belanglos. Doch solange die Astronomen nicht den Mut aufbringen, dieser Realität ins Gesicht zu blicken, ändert sich nichts. Unser soziologisches Verhalten gestattet ihnen nur gerade so viel Courage wie die Herde zulässt.

Es ist höchste Zeit, diese Denkweise zu beerdigen. (Über einige unwiderlegbare UFO-Begegnungen berichte ich ab Seite 175 in meinem Buch *Der Götterschock*.) [107] Mittlerweile mehren sich die Stimmen aus der Wissenschaft, die sagen: Es gibt zwar UFOs, aber es handelt sich dabei um unerklärliche physikalische Phänomene. Als ob »physikalische Phänomene« bisweilen Menschen entführen und anderen Implantate einsetzen könnten. Die Verdrängung der Realität ist zum Heulen!

Muss denn die Streitsucht unter den Menschen ewig andauern? Hören Kriege so lange nicht auf, wie es uns gibt? Trägt jeder von uns so etwas wie ein »Streitgen« in sich?

Die Ursache liegt tatsächlich in uns. Ich habe unzählige Male darauf hingewiesen: *Jeder Mensch ist einzigartig*. Weshalb das so ist, ergibt sich aus den unterschiedlichen Erlebnissen und der individuellen Abspeicherung dieser Daten im Gehirn. Dem »Lust- und Unlustempfinden«. (Alles darüber in Quelle 107, Seite, 235–239) Jeder entwickelte *sein* Ego – sein Ich. Jeder betrachtet eine bestimmte Sache aus *seinem* Blickwinkel. Egal, ob es sich um ein Gemälde, eine Religion oder etwas Alltägliches handelt.

Wem sind die giftigen Grabenkämpfe und gegenseitigen Anschuldigungen zum Thema Klimawandel nicht bekannt? »Der ist zu 100 Prozent menschengemacht!«, sagt Professor Reto Knutti von der Eidgenössisch Technischen Hochschule in Zürich. [108] Und Millionen sind seiner Ansicht. Professor Knutti ist auch ein »bedeutendes Mitglied« beim Weltklimarat, und der wiederum behauptet seit Jahrzehnten, der menschengemachte Klimawandel sei eine wissenschaftlich erhärtete Tatsache. Ein Faktum. Wer daran zweifelt, ist entweder ein Ignorant oder er verfolgt »unlautere Ziele«. [109] Mit Verbissenheit verteidigen berühmte Schauspieler und andere Prominente die Behauptung, der Mensch sei die Ursache des Klimawandels. Demonstrationen werden organisiert, Straßen blockiert, es kommt zu handgreiflichen Zusammenstößen. Die Fronten zwischen denen, die glauben, wir erlebten einen menschengemachten Klimawandel, und denjenigen, die meinen, der Klimawandel erfolge natürlich, verhärten sich. Ein globales Umdenken, die Umerziehung des Menschen wird gefordert. Der Streit um die richtige Gesinnung in Sachen Klima könnte sehr wohl zum Kriegsgrund werden. Wer die Meinung vertritt, der Klimawandel sei nicht menschengemacht, wird zum Feind der Menschheit erklärt, der keine Lebensberechtigung mehr hat.

Grundsätzlich ist festzuhalten, dass es ohne CO_2 kein Leben auf der Erde gäbe. Dazu der Geologe Markus O. Häring: »Für 90 Prozent der Biomasse unseres Planeten ist CO_2 ein Grundnahrungsmittel und kein Schadstoff«. [110]

Was stimmt denn nun? JA! Wir leben in einer Epoche des Klimawandels, und JA, die Folgen davon betreffen Millionen von uns. Doch ist wirklich der Mensch schuld daran? Nachfolgend einige Meinungen:

> Wir wollen, dass unsere Kinder in einer Welt ohne die zerstörerische Macht eines sich erwärmenden Planeten leben können. (Barak Obama, ehemaliger US-Präsident)

> Der Klimawandel ist ein globales Problem mit schwerwiegenden Aspekten und ernsten sozialen, wirtschaftlichen und politischen Dimensionen. Er stellt eine der wichtigsten Herausforderungen an die Menschheit dar. (Papst Franziskus)

Der Klimawandel ist real, er passiert jetzt.
Er ist die größte Bedrohung für unsere gesamte Spezies.
(Leonardo DiCaprio, Schauspieler)

Die globale Erwärmung ist zu ernst, als dass die Welt
weiterhin die Gefahr ignorieren darf.
(Tony Blair, ehemaliger Premierminister des Vereinigten
Königreichs von Großbritannien und Nordirland)

Ein Weiter-so gibt es nicht. Der Klimaschutz ist die größte
Herausforderung des 21. Jahrhunderts.
(Angela Merkel, ehemalige Bundeskanzlerin der
Bundesrepublik Deutschland)

Also alles klar? Zuerst mal sollte festgehalten werden, dass der Weltklimarat in New York, von dem sämtliche Katastrophenbotschaften über das Klima stammen, keine wissenschaftliche, sondern eine politische Organisation ist. Diese Gruppe hat sich zum Ziel gesetzt, die Menschen umzuerziehen. Wissenschaftler, die Forschungsgelder beantragen, um den »menschengemachten« Klimawandel zu widerlegen, laufen ins Leere. Wer hingegen den hausgemachten Klimawandel unterstützt, darf sich aus den Fördertöpfen bedienen.

Aber bestätigen nicht 97 Prozent aller Wissenschaftler den vom Menschen verursachten Klimawandel? Diese 97 Prozent stammen aus einer Veröffentlichung des australischen Psychologen John Cook aus dem Jahre 2013. Er hatte alle Artikel untersucht, die weltweit zwischen den Jahren 1991 bis 2011 erschienen waren. Dabei stellte er fest, dass 97 Prozent aller Veröffentlichungen zu dem Schluss kamen, der Mensch trage die Schuld am Klimawandel.

Der deutsche Professor Fritz Vahrenholt meinte dazu:

> Schaut man sich die Studie allerdings etwas genauer an, stellt man fest, dass gerade mal 1,6 Prozent diesen menschlichen Einfluss mit mehr als 50 Prozent beziffern. Die restlichen Prozent sehen einen Zusammenhang, ohne ihn zu quantifizieren [...]. Landauf und landab verbreiten Politik und Medien, die Wissenschaftler seien sich zu 97 Prozent einig. Abweichende Meinungen werden damit als absurd oder skurril gebrandmarkt. [112]

Erstaunlich, wie leicht sich ein doch beachtlicher Teil der Menschheit von einer Unwahrheit manipulieren lässt. Es ging nie um 97 Prozent aller Wissenschaftler, sondern um 97 Prozent der Veröffentlichungen. Und die wiederum waren gesteuert, denn Abhandlungen, welche gegen einen vom Menschen gemachten Klimawandel sprachen, wurden gar nicht erst publiziert. Indes:

- Während der Römerzeit waren die Alpen weitgehend eisfrei.
- Im 16. Jahrhundert gab es eine Hitzeperiode.
- Bohrkerne aus der Antarktis beweisen, dass der jeweilige CO_2-Anteil nicht die Ursache einer Erwärmung war. Der CO_2-Anteil stieg erst, *nachdem* die Erwärmung vorüber war.
- Die Gletscher der Alpen waren in den letzten 10 000 Jahren kleiner als im Jahre 2005.
- Während der letzten Eiszeit gab es 12 Wärmephasen.
- Im Jahre 1219 und erneut im Jahre 1362 zerstörten die »Marcellus-Sturmfluten« 40 Prozent der Friesischen Inseln.

- Am 24. Juli 1342 wüteten die »Magdalenenhochwasser« in Europa. Städte an den Flüssen Rhein, Main, Mosel, Donau und Elbe waren überflutet.
- Im Hitzesommer des Jahres 1540 fiel mehrere Monate lang kein Regen.
- Alle 25 000 Jahre wechselt das Klima in der Sahara von Wüsten- zu Grünperioden. [113]
- Sämtliche antiken Historiker berichten über Flutkatastrophen vor Jahrtausenden. Beispielsweise Hesiod (um 700 v. Chr.), Hekataios von Milet (550–480 v. Chr.), Berossos (4. Jahrhundert v. Chr.), Herodot (486–430 v. Chr.) oder Plinius der Ältere (23–79 n. Chr.).
- Vor der Insel Malta liegen Ruinen von ehemaligen Bauwerken unter Wasser. Dasselbe im Atlantik beim Inselchen Gavrinis (Bretagne, Frankreich).
- Im Hafen von Lixus (Marokko) wie auch bei Cádiz (Spanien) liegen Ruinen und Straßen unter dem Meeresspiegel.
- Dasselbe im Pazifik vor der Insel Nan Madol (Karolinen).
- Grönland ist die deutsche Schreibung des dänischen Grønland, was wörtlich übersetzt »Grünland« heißt; die Insel war also einst grün.
- In 35 Metern unter dem Spiegel des Mittelmeeres liegen Felszeichnungen. Dies beim Cap Morgiou bei Marseille (Frankreich).
- Einige der Menhirkolonnen in der französischen Bretagne stehen auch bei Ebbe noch 12 Meter unter dem Meeresspiegel.
- In Mittel- und Nordeuropa liegen gewaltige Findlinge in der Gegend herum. Das sind Steinblöcke, die einst von den Gletschern an ihre gegenwärtigen Standorte geschoben wurden. Die Gletscher haben sich zurückgezogen.

- Im Sommer 1921 waren Rhein und Mosel wegen der Dürre nur Rinnsale.
- Im Jahre 2016 wurde die Meldung verbreitet, die Eisbären würden aussterben. Nichts davon stimmt. [114]
- Das Irish Climate Science Forum kam nach einer mehrjährigen Studie zu dem Schluss, sämtliche bisherigen Szenarien zum Klimawechsel seien falsch. [115]

Was soll die Aufzählung? Sie belegt, dass sich das Klima über die Jahrtausende ständig geändert hat. Ohne die heutigen Fabrikschlote und Autoabgase, ohne Zerstörung der Umwelt durch die Industrie. Es wurde immer wieder sehr heiß oder sehr kalt, Gletscher kamen und gingen, Menschen mussten neue Lebensräume finden.

Wozu sind wir auf Erden? Unzählige Menschen sind der Ansicht, der Sinn unseres Lebens bestehe darin, den Klimawandel zu stoppen. Ohne unser Eingreifen hätten die nachfolgenden Generationen keine Chance. Es sei »5 vor 12«. Diese Gutmenschen wissen nichts von den Klimawandeln der vergangenen Epochen. Wer nicht genauso denkt wie sie, gilt plötzlich als Feind der Menschheit. Diese Art von Denken ist keine Wissenschaft – sie ist Ideologie. Verbissene, sture Rechthaberei. Alle Straßen der ideologischen Gerechtigkeit erwiesen sich als Sackgassen. Und Abermillionen Menschen verloren ihr Leben aus ideologischen Gründen. Soll sich das wegen des Streits um den Klimawandel wiederholen?

Sind wir, die Menschen der Gegenwart, auf Erden, um unseren Planeten vor einem Klimakollaps zu retten? Ist dies der Sinn unseres Lebens?

Dem gegenüber wussten die Menschen vor Jahrtausenden nichts von ihrem gerade ablaufenden Klimawandel. In der Vergangenheit fehlten die globalen Kommunikationsmittel. *Ihr* Sinn des Lebens hätte demnach nicht die Rettung des Planeten sein können.

Wo also stehen wir?

Der Lebenszweck der gesamten Menschheit besteht wohl darin, immer raffiniertere Technologien zu erfinden. Und wenn dies nicht der Sinn des Lebens sein sollte, so geschieht es trotzdem. Dabei liegt es bei jedem Einzelnen, Erfahrungen aller nur denkbaren Arten zu sammeln, um sie bei seinem Ableben in die Gesamtheit des »grandiosen Geistes der Schöpfung« einzubringen.

Unbeantwortet

In der sogenannten Steinzeit geschahen ungeheuerliche Dinge, die mit der angeblich frühesten Epoche der Menschheitsgeschichte unvereinbar sind.

Zur Erinnerung:
- In der französischen Bretagne stehen noch heute rund 3500 Menhire in geordneten Kolonnen. [116, 117] (Menhire sind große, aufrecht stehende und künstlich behauene Steine.)
- Vor Jahrtausenden waren es über 12 000. [118]
- Der Größte darunter, der Menhir von Kerloas, ist 9,5 Meter hoch und wiegt 150 Tonnen.
- Der schwerste ist der Grand Menhir in Locmariaquer (Bretagne, Frankreich). Er wiegt 280 Tonnen.
- Die Menhire sind in pythagoreischen Dreiecken angeordnet. [119]

- Dazu die britischen Professoren Thom und Thom (Vater und Sohn): »Wir können keine einzige Erklärung für die Anordnungen/Ausrichtungen von Kermanio anbieten.« [120]
- In Feldbrunnen (Schweiz) liegt ein bearbeiteter und transportierter Megalith mit der Bezeichnung Schildkröte. Er wiegt 168 Tonnen.
- Der gigantische Megalith mit der Bezeichnung Stein des Südens in Baalbek im Libanon wiegt vermutlich 1650 Tonnen. Er wurde transportiert. Dasselbe gilt für die »Terrasse von Baalbek«. Auf den ursprünglich megalithischen Monumenten errichteten die Römer Jahrtausende später ihren »Tempel des Jupiter«.
- Quer durch Europa verlaufen sogenannte Ley-Lines. Das sind schnurgerade Linien, die sich über Tausende von Kilometern – von England bis Sizilien – hinziehen. Darunter liegen steinzeitliche Monumente wie Dolmen und Menhire. Zudem enthalten die Ortschaften auf einer Linie alle denselben Wortstamm.
- In Spanien (von Granada aus an der N-342 Richtung Archodona) liegen die megalithischen Gräber von Menga, Viera und El Romeral. Einer der extra herangeschafften und emporgehobenen Decksteine von Menga wiegt 180 Tonnen.
- An der Atlantikküste von Lixus (Marokko) liegt ein steinzeitlicher Seehafen, gebildet aus tonnenschweren Blöcken.
- Auf der Insel Malta befinden sich gleich 30 Megalithtempel. Einige sind definitiv astronomisch ausgerichtet und über 9000 Jahre alt. [121]

◈ Sämtliche antiken Heiligtümer Griechenlands befinden sich in denselben Entfernungen zueinander. Sie existierten längst vor den griechischen Mathematikern Pythagoras, Euklid oder Platon. [122]

◈ 51 Kilometer nordwestlich von Dublin (Irland) liegt die gigantische Anlage von Newgrange. Ein prähistorisches Wunder, präzise astronomisch ausgerichtet.

◈ Außer den bekannten prähistorischen Steinkreisen in England (Stonehenge und andere) legten unsere steinzeitlichen Vorfahren über hundert weitere Steinkreise in unterschiedlichen Größen an. Das Rätsel der Steinkreise ist ein weltweites Phänomen. (Ich berichtete in Quelle Nr. 121, Seiten 91–92 darüber.)

Dies und vieles mehr passt nirgendwo in die Steinzeit.

Bei »Steinzeit« denken wir an technologisch unentwickelte Kulturen, an fellbehangene Menschen, die Beeren suchten und sich zur Jagd zusammenschlossen. Wer oder was – bei allen Planeten! – trieb unsere »Steinzeitler« zu ihren megalithischen Meisterleistungen?

Woher stammten ihre mathematisch-geometrischen Kenntnisse? Was für Instrumente verwendeten sie? Welche Vermessungsingenieure bestimmten die Fixpunkte im unebenen Gelände? In welche Karten (oder Schemata) übertrugen sie ihre Berechnungen? In welchem Maßstab? Mit welchen Schnüren (oder Spiegeln?) signalisierten sie einander die oft kilometerlangen geraden Strecken?

Wie war der Lastentransport organisiert? Welche Art von Seilen wurde benutzt? Wie funktionierten die Schwertransporte im Winter? Bei matschigem Untergrund? Im Gebirge?

Mit welchen Werkzeugen wurden die monolithischen Platten maßgerecht zugeschnitten? Welches zusätzliche Baumaterial – außer den Steinen – kam zum Einsatz?

Wozu legt man Menhirkolonnen in unterschiedlichen Breiten und Reihen an? Mal Neuner-, mal Elfer-, dann Dreizehnerkolonnen? Wie wichtig war die Raumaufteilung? Welche geometrischen Hilfsmittel kamen zum Einsatz?

Wie viel Planungszeit ging der Bauzeit voraus? Wie viele Arbeitskräfte wurden eingesetzt?

Wer dirigierte die Menschen? Wer hatte das Oberkommando und weshalb? Was legitimierte den Chef? Was unterschied ihn vom Rest der Gemeinschaft? Woher hatte er seine Kenntnisse?

Wo übernachteten, überwinterten die Arbeiter mitsamt ihrem Gefolge? Wie funktionierte die tägliche Nahrungsversorgung? Die Abfallentsorgung? Wo sind die Überreste ihrer Behausungen?

Wie lange dauerte der megalithische Spuk? Zwei Arbeitergenerationen oder zwanzig? Auf welche Weise wurden die präzisen Befehle an die nächsten Generationen weitergereicht? Ohne Schrift?

Welche »Ideologie« oder Religion spornte die Menschen zu ihrer Tätigkeit an?

Weshalb wurden nicht selten Steine aus Steinbrüchen herbeigeschafft, die Hunderte von Kilometern vom Bauplatz entfernt lagen? (Beispielsweise die Blausteine von Stonehenge, herangeschleppt aus den Preseli-Bergen, die rund 380 Kilometer von der Baustelle entfernt sind.) Gab es bestimmte Fristen einzuhalten? Falls ja –welche und weshalb? Warum hielten sich ganze Generationen an die ursprünglichen Pläne? Hat jede Generation 20 oder 50 Menhire zu den langen Steinkolonnen beigetragen? Weshalb sind ausnahmslos alle megalithischen Anlagen astronomisch ausgerichtet? Wer befahl ihren Bau? Existierte so etwas wie ein globaler Befehl?

Da liegt in Irland das sogenannte Passage Tomb namens Newgrange. Ein technisches Mirakel, ein astronomisches Lehrstück und ein Transportphänomen dazu. Zuerst einmal musste für die Megalithanlage ein ganzer Hügel abgetragen werden. Dies zu einer Zeit, als weder die ägyptischen Pyramiden noch die alten Städte Ur, Babylon oder Knossos (Kreta) existierten. Wer führte Regie? Wieso ausgerechnet an jener Stelle? Wer waren die zeitlosen Denker, die Newgrange entwarfen und vorantrieben? Was war ihre Triebfeder? Um ein Grab ging es nicht. Gräber werden zu Ehren von Toten angelegt. Nichts davon in Newgrange.

Noch grotesker: Unweit des niederländischen Ortes Rijckholt (zwischen Aachen und Maastricht) liegt ein Bergwerk aus der Steinzeit. Es besteht aus rund 5000 Schächten, in denen Feuerstein gewonnen wurde. Vor Jahrtausenden wurden dort rund 41 250 Feuersteinknollen gefördert. Daraus ließen sich 153 Millionen Äxte herstellen. Für wen? Durch welches Vertriebssystem wurden die Feuersteinäxte verteilt? Wer waren die Abnehmer?

Wie jedermann erkennt, existieren riesige weiße Flecken auf der Landkarte der Forschung, doch weit und breit keine Hochschule, die sich diesen widmet. Kein archäologisches Lehrbuch berichtet über die Megalithbauten unter Wasser. Dabei existieren sie in sämtlichen Ozeanen der Erde. Der Unterwasserhafen von Lixus (Marokko) ist genauso eine Tatsache wie Unterwasserbauten bei der Insel Malta im Mittelmeer oder jene von Yonaguni im südlichen Pazifik bei Japan. Die polaren Eiskappen sollen zum letzten Mal vor rund 10 700 Jahren abgeschmolzen sein – damit müssten die unter Wasser stehenden Bauwerke mindestens ebenso alt sein. Entstanden, bevor der Meeresspiegel anstieg. Und dies gleich global.

Wir wissen nichts über jene Vergangenheit. Wir stochern im Nebel und tun so, als hätten wir den Durchblick. Dabei haben wir keine Ahnung, wie die grandiosen Leistungen jener Vorfahren mit unseren Vorstellungen einer Steinzeit in Einklang zu bringen wären.

Vielleicht kam Oswald Tobisch, eine weltgereiste Persönlichkeit, die 6000 Felszeichnungen kartografierte und ordnete, dem Rätsel näher. In seinem Werk über die antiken Kultsymbole fragte er:

> *Gab es einstmals doch eine Einheitlichkeit des Gottesbegriffes von einer für heutige Anschauungen geradezu unfasslichen Internationalität?* [123]

Und ich frage mich: Bestand der Sinn des Lebens für die damaligen Menschen darin, unsterbliche Botschaften in Stein zu hinterlassen, damit sich Jahrtausende später die Nachfahren – also wir! – die richtigen Fragen stellen?

Einer dieser Orte, an welchem die pure Ratlosigkeit umgeht, ist der Göbekli Tepe. Ich schrieb vor 10 Jahren kurz darüber, [124] doch seither stellen sich immer neue Fragen.

Der Göbekli Tepe liegt im Südosten der Türkei, rund 15 Kilometer nordöstlich der Provinzhauptstadt Şanlıurfa, und ist touristisch hervorragend erschlossen. Fahrwege führen bis wenige 100 Meter an die Rätsel heran. Die größte Ausgrabungsstätte ist sogar mit einem Zelt überdacht. (Abb. 5 und 6) Die Besucher können den prähistorischen Fundort besichtigen, ohne sich einen Sonnenbrand einzufangen. Die beiden Worte »Göbekli Tepe« bedeuten eigentlich »bauchiger Berg«. Im Türkischen heißt *göbek* = Nabel/Bauch und *tepe* = Berg/Hügel.

Die Entdeckung des Ortes war reiner Zufall. 1982 störte sich der Bauer Şeymus Yıldız an einem Stein auf seinem Ackerland. Er wollte ihn zertrümmern, merkte aber rasch, dass es sich um die Spitze einer Art Säule handelte. Ein paar andere Brocken lagen drum herum verstreut, und der Bauer hob sie auf und legte sie zur Seite. 2 Wochen später meldete er seinen Fund dem Leiter des Museums in Şanlıurfa. Doch dort interessierte sich niemand dafür, bis im Sommer 1994 der deutsche Archäologe Klaus Schmidt (1953–2014) den Ort besuchte und rasch merkte, dass es sich hier um eine größere Sache handeln musste. Gemeinsam mit seinen Begleitern stieß Schmidt auf

Bruchstücke von sogenannten T-Pfeilern. Darunter versteht man einen Monolithen mit einem Querbalken am oberen Ende. Schmidt war begeistert. In seinem Buch über die Ausgrabungen schreibt er:

> Die T-Pfeiler-Bruchstücke waren das letzte Glied in der Beweiskette [...]. Es waren die Augenblicke einer archäologischen Entdeckung, wie sie zu erleben nur wenigen vergönnt ist. [125]

In den darauffolgenden Jahren unterstützte das Deutsche Archäologische Institut das Projekt Urfa, wie es damals genannt wurde. 6 Jahre lang leitete Schmidt eine deutsch-türkische Grabungstruppe, bestehend aus Gelehrten und Studenten. Es wurde hervorragende Arbeit geleistet, und man konnte mehrere runde Anlagen freilegen, die als Anlagen A bis F bezeichnet werden. Dabei offenbarten sich verblüffende Altersangaben. Die C-14-Analyse des Lehms aus der Anlage D ergab ein Alter von 9745–9314 v. Chr. [126] Damit landet man in jener geheimnisvollen Steinzeit, in der es derartige Bauwerke eigentlich nicht geben dürfte. Sie passen schlicht nicht in unsere bisherige Vorstellung von den »Steinzeitlern«. Selbst der Ausgräber Klaus Schmidt, die Persönlichkeit, welche die engste Verbindung zum Göbekli Tepe hatte, war sich der Ungewissheit seiner Aussagen bewusst. »Vielleicht trifft man das Richtige, vielleicht aber liegt man vollkommen daneben.« [125, S. 120]

Mir ging es nicht anders. Gemeinsam mit meinem langjährigen Mitarbeiter Ramon Zürcher und seiner Partnerin Annika Thies – denen ich die Bilder zu diesem Beitrag verdanke – starrte ich auf das Durcheinander unter mir. T-Pfeiler, angelegt in mehreren Kreisen, dominierten das Bild. Dazwischen

Mauern aus groben Steinen. (Abb. 5–14) Die Pfeiler mochten eine Länge von 3 bis 7 Metern erreichen, doch konnten sie auch länger sein, denn sie steckten ausnahmslos noch im Boden. Auf mehreren von ihnen waren Abbildungen von Tieren herausgearbeitet worden: Füchse, Schweine, Insekten, Schlangen, Gazellen, hundeartige Körper und undefinierbare Reptilien. Erstaunlicherweise waren diese Figuren nicht rillenartig in den Stein hineingemeißelt, sondern aus dem Stein herausgearbeitet worden, indem man das umgebende überschüssige Material weggekratzt hatte. So waren Hochreliefs entstanden. Weshalb nur bevorzugten die damaligen Künstler diese mühevolle Vorgehensweise? Bilder in den Stein zu schlagen wäre weit einfacher gewesen. Und was hat es mit den sogenannten »Seelenlöchern« auf sich? So bezeichnete sie sogar Klaus Schmidt. Er meinte, im Göbekli Tepe sei ein Schamanenkult betrieben worden. Zitat: »Dass auch am Göbekli Tepe der Schamane tätig war, davon dürfen wir mit einiger Gewissheit ausgehen.« [125]

Andrew Collins, der sich jahrelang mit den Ungereimtheiten am Göbekli Tepe befasste und zwei Bücher zu dem Thema schrieb, [126, 127] erkannte hinter der Anlage eindeutig einen Sternenkult, der irgendwie mit dem biblischen (und apokryphen) Propheten Abraham in Verbindung stehen musste.

Und schließlich das Unverständliche: Gegen 8000 v. Chr. konservierten die Erbauer ihre eigenen Anlagen und bedeckten sie mit Abertausenden Tonnen von Steinen, Schutt, Erde, Müll und Lehm. Dies zumindest ist die allgemein anerkannte Auffassung, und genauso sieht es auch aus. Weshalb aber sollte eine Zivilisation, die fähig ist, Megalithen zu transportieren und zu bearbeiten, die über 3 Jahrtausende lang eine runde

Anlage neben der anderen errichtet – diese wieder zudecken? Mittlerweile sind die Kreise A bis H freigelegt, doch mithilfe von geomagnetischen Messungen weiß man, dass noch weitere Anlagen unter dem Boden liegen: Und alle wurden irgendwann von den Erbauern wieder zugeschüttet. Das Ganze scheint keinen Sinn zu ergeben. Da wird unter größten Anstrengungen ein Steinkreis mit T-Pfeilern und Mauern errichtet. Dies zudem in einem Gelände, wo die alte Lehrmeinung, die Blöcke seien mittels Holzrollen transportiert worden, nicht anwendbar ist, denn auf derart unebenem, weil gebirgigem Terrain funktioniert diese Methode nicht. Und dann wird die eigene Arbeitsleistung wieder zunichtegemacht, nur um gleich daneben einen neuen Kreis anzulegen?

»Was sollte das?«, fragt sich auch der Sachbuchautor Hartwig Hausdorf. [128] »Wollten die Erbauer den Menschen einer fernen Zukunft die einzigartige Anlage erhalten? Welche Botschaft wollten sie uns übermitteln?«

Das Rätsel beginnt bereits mit der Auswahl des Bauplatzes. Der Göbekli Tepe befindet sich auf einem Bergrücken ohne Wasser. Die nächste Quelle liegt satte 5 Kilometer entfernt. Doch der Mensch braucht nun mal Wasser. Erst recht bei der Arbeit. Und hier mussten Hunderte von schwitzenden Arbeitern mit Flüssigkeit versorgt werden. Weshalb errichtete man die Monumente also ausgerechnet auf einem unwegsamen Felsplateau und nicht in der Nähe einer Wasserquelle? Der Bauplatz muss ein heiliger Ort gewesen sein. Hier – und nur hier! – hatte sich etwas Unvorstellbares zugetragen.

Ich vermute, der Göbekli Tepe war *die* Stelle, an welcher unser Stammvater Abraham seine Begegnung mit Außerirdischen hatte. Abrahams Geburtsort liegt schließlich nur 15 Kilometer von der heutigen Stadt Şanlıurfa entfernt. Seine Begegnung mit den außerweltlichen Besuchern wird in der »Apokalypse des Abraham« ausführlich beschrieben. [129] Man erfährt, wie zwei »himmlische Wesen« den Jüngling Abraham über die Erde mitnahmen. Abraham präzisiert, die beiden seien keine Menschen gewesen, denn sie hatten »nicht eines Menschen Atem«. Wenn Wesen nicht atmen wie Menschen, können sie wohl schwerlich Menschen gewesen sein. Selbst der gegenwärtige Bürgermeister von Şanlıurfa, Zeynel Abidin Beyazgül, sagte der türkischen Zeitung *Milliyet:* »Der Ursprung von Göbekli Tepe hat kosmische Wurzeln.« [130]

Ich kann mir sehr wohl vorstellen, dass sich auf dem Göbekli Tepe einst ein Fahrzeug herniederließ, das wir heute als UFO bezeichnen würden. Keine Rakete, keine Flammen, nichts technisch Primitives wie unsere derzeitige Raumfahrt. Abraham selbst schilderte sein Erlebnis – möglicherweise hatte er sogar Zuschauer. Und damit war die Landestelle zu einem heiligen Ort geworden. Hier hatte sich etwas »Himmlisches« zugetragen. Jahrtausendelang hofften die Menschen auf eine Wiederkehr jener »Götter«. Ihnen zu Ehren errichtete jede Generation eine Art Empfangsplatz – und schüttete ihn wieder zu, wenn während ihrer Lebenszeit nichts geschah. Der Mensch ist nun mal ein missgünstiges und selbstsüchtiges Geschöpf. Nachdem die eine Gruppe keine Rückkehr der Götter erleben durfte, machte sie ihren Empfangsplatz eben wieder dicht. Mochte doch die nächste Generation für ihren eigenen Ort der Begrüßung sorgen. Und so entstand eine Anlage neben der anderen. Und eine nach der anderen wurde wieder zugeschüttet. Menschen eben.

Anhang

Literatur

[1] Bojowald, Martin: *Zurück vor den Urknall*, Frankfurt a. M. 2009.
[2] LaViolette, Paul A.: *Genesis of the Cosmos. The Ancient Science of Continous Creation*, New York 2005.
[3] »Müdes Licht und galaktische Voids« in: *Nexus* Nr. 97, Okt.–Nov. 2021.
[4] Multhammer, Wilfried: *Virtuelle Götterspiele*, Ruhstorf an der Rott 2021.
[5] *Das Buch Mormon*, Frankfurt a. M. 1966.
[6] Däniken, Erich von: *Botschaften aus dem Jahr 2118*, Rottenburg 2016.
[7] Däniken, Erich von: *Erscheinungen*, Düsseldorf 1974.
[8] Tengg, Franz: *Ich bin die geheimnisvolle Rose*, Wien 1973.
[9] *Die Marienerscheinungen in Montichiari und Fontanella*, Luzern 1967.
[10] Schumann, H. J. von: »Antike Inkubation und autogenes Training« in: *Medizinische Monatsschrift* 1968/3.
[11] Erman, Adolf: *Ägypten und ägyptisches Leben im Altertum*, Tübingen 1923.
[12] Staudinger, Odo: *Die Mutter mit dem goldenen Herzen. Maria Erscheinungen von Beauraing und Banneux*, Altenstadt 1960.
[13] Interview mit Gilberte Degeimbre, »Visionary of Beauraing«, YouTube, https://www.youtube.com/watch?v=oBruEBGp8Kk.
[14] Algermissen, Konrad et al.: *Lexikon der Marienkunde*, Regensburg 1957.
[15] Däniken, Erich von: *Die Götter waren Astronauten!*, Rottenburg 2015.

[16] Laurentin, René: *Les Apparitions de Lourdes*, Paris 1966.
[17] Laurentin, René: Vol. 2, *L'enfance de Bernadette et les premières apparitions*, 7. Januar 1944 – 18. Februar 1958, Paris.
[18] Bürgin, Luc: *Geheimnisse der Matrix*, Rottenburg 2021.
[19] Betz, Werner, und Ampssler, Sonja: *Portale*, Groß-Gerau 2021.
[20] Läsker, Thorsten: *Paranormales Deutschland*, Bern 2021.
[21] Drewermann, Eugen: *Tiefenpsychologie und Exegese*, Band I, Olten 1991.
[22] Küng, Hans: *Unfehlbar? Eine Anfrage*, Olten 1970.
[23] Küng, Hans: *Christ sein*, Tübingen 1974.
[24] Kaku, Michio: *Die Gottes-Formel*, Zürich 2021.
[25] Fichte, Hubert: *Gott ist ein Mathematiker*, Hörbuch, Zürich 2019.
[26] Risi, Armin: *Gott und die Götter*, Zürich 1995.
[27] *Die Heilige Schrift des Alten und des Neuen Testaments*, Stuttgart 1972.
[28] Nietzsche, Friedrich: *Der Antichrist*, Zürich 1985.
[29] Rahner, Karl: *Herders Theologisches Taschenlexikon*, Band I, Freiburg 1972.
[30] Lehmann, Johannes: *Der Jesus Report*, Düsseldorf 1970.
[31] Delitzsch, Fridrich: *Die große Täuschung*, Stuttgart 1921.
[32] Kehl, Robert: »Die Religion des modernen Menschen«, in: *Stiftung für universelle Religion*, Heft 6a, Zürich.
[33] Schorer, Jean: *Pourquoi je suis devenue un chrétien libéral*, Genf 1966.
[34] Piñero, Antonio: »Die Geburt Christi« in: *National Geographic*, HISTORY. Nr. 1/2022.

[35] Josephi, Flavii: *Alterthümer; Wie auch Krieg der Juden mit den Römern* […], Zürich MDCCXXXV.
[36] Philo Judaeus Alexandrinus: *Die Werke Philos*, in deutscher Übersetzung von Leopold Cohn, Breslau 1909.
[37] Lohse, Eduard (Hrsg.): *Die Texte aus Qumran*, München 1965.
[38] Stoll, H. A.: *Die Höhle am Toten Meer*, Hanau 1962.
[39] Dupont-Sommer, André: *Die Essenischen Schriften vom Toten Meer*, Tübingen 1960.
[40] Millar, Burrows: *Mehr Klarheit über die Schriftrollen*, München 1969.
[41] Schweitzer, Albert: *Geschichte der Leben-Jesu-Forschung*, Tübingen 1972.
[42] Carmichael, Joel: *Leben und Tod des Jesus von Nazareth*, München 1965.
[43] Augstein, Rudolf: *Jesus Menschensohn*, München 1972.
[44] Langbein, Walter-Jörg: *Monstermauern, Mumien und Mysterien*, 17 Bände, Würselen, 2018–2021.
[45] Langbein, Walter-Jörg: *Die Geheimnisse der sieben Weltreligionen*, Berlin 2005.
[46] Langbein, Walter-Jörg: *Lexikon der Irrtümer des Neuen Testaments*, München 2004.
[47] Grünwedel, Albert: *Mythologie des Buddhismus in Tibet und in der Mongolei*, Leipzig 1900.
[48] Baumgartner, W. (Hrsg.): *Hebräisches Schulbuch*, Basel 1971.
[49] Eißfeldt, Otto: *Einleitung in das Alte Testament*, Tübingen 1964.

[50] Kautzsch, Emil: *Die Apokryphen und Pseudepigraphen des Alten Testaments, Band 2. Das Buch Henoch,* Tübingen 1900.

[51] Küppers, Werner: *Das Messiasbild der spätjüdischen Apokalyptik,* Bern 1933.

[52] Klausner, Joseph: *Der jüdische und der christliche Messias,* Zürich 1943.

[53] Dürr, Lorenz: *Ursprung und Ausbau der israelitisch-jüdischen Heilserwartung,* Berlin 1925.

[54] Landmann, Leo: *Messianism in the Talmudic Era,* New York 1979.

[55] Schomerns, Hilko Wiardo: *Indische Erlösungslehren,* Leipzig 1919.

[56] Ayoub, Mahmoud: *Redemptive Suffering in Islam,* New York 1978.

[57] Sachedina, Abdulaziz A.: *Islamic Messianism,* New York 1981.

[58] Frischauer, Paul: *Es steht geschrieben,* Zürich 1967.

[59] Grünwedel, Albert: *Mythologie des Buddhismus in Tibet und der Mongolei,* Leipzig 1900.

[60] Breysig, Kurt: *Die Entstehung des Gottesgedankens und der Heilsbringer,* Berlin 1905.

[61] Guariglia, Osvaldo: *Prophetismus und Heilserwartungen als völkerkundliches und religionsgeschichtliches Problem,* Wien 1959.

[62] Makwemson, Maud: *The Book of the Jaguar Priest. A Translation of the book of Chilam Balam of Tizimin,* New York 1951.

[63] Jeremias, Alfred: *Handbuch der altorientalischen Geisteskultur,* Berlin 1929.

[64] Däniken, Erich von: *Was ich jahrzehntelang verschwiegen habe,* Rottenburg 2015.

[65] Langbein, Walter-Jörg: *Lexikon der biblischen Irrtümer,* München 2003.

[66] Finkelstein, Israel: *The Quest for the historical Israel,* Atlanta, Georgia, 2007.

[67] Finkelstein, Israel, Römer, Thomas: »Bible and Archeology Discussions«. *https://www.youtube.com/watch?v=-w8LUCg_j9w.*

[68] Brugsch, Heinrich: *Die Sage von der geflügelten Sonnenscheibe nach alt-ägyptischen Quellen,* Göttingen 1879.

[69] Biglino, Mauro: *The Naked Bible,* Mailand 2021.

[70] Däniken, Erich von: *Prophet der Vergangenheit,* Düsseldorf 1979.

[71] Däniken, Erich von: *Das unheilige Buch,* Rottenburg 2014.

[72] Bürgin, Luc: »Ich habe die Bundeslade gesehen« in: *Mysteries* Nr. 5, September 2009.

[73] Bezold, Carl (Hrsg.): *Kebra Nagast – Die Herrlichkeit der Könige,* 23. Band, 1. Abteilung, München 1905.

[74] Singer, Isidore, und Adler, Cyrus: *The Jewish Encyclopedia: A Descriptive Record of the History, Religion, Literature, and Customs of the Jewish People from the Earliest Times to the Present Day,* Band 7, York/London 1906.

[75] Roy, Protap Chandra: *The Mahabharata,* Kalkutta 1888.

[76] Biglino, Mauro: *Kamen die Götter aus dem Weltall?,* Rottenburg 2015.

[77] Burckhardt, Georg: *Gilgamesch, eine Erzählung aus dem alten Orient*, Wiesbaden 1968.
[78] Eißfeldt, Otto: *Einleitung in das Alte Testament unter Einschluss der Apokryphen und Pseudepigraphen*, Tübingen 1934.
[79] Williams, John Alden: *Der Islam*, Genf 1973.
[80] Ahmad, Hazrat Mirza Nasir: *Der Heilige Koran*, Rabwah, Pakistan.
[81] Henning, Max (Übersetzung): *Der Koran*, Istanbul 1998.
[82] Hikmat, Mounir: »Islam und Integration«, in *Zukunft*, Sonderausgabe, Sommer 2021.
[83] Gard, Richard A.: *Der Buddhismus*, New York 1972.
[84] Charon, Jean E.: *Der Geist in der Materie*, Wien 1979.
[85] Good, Bob et al.: *The Matrix of Consciousness*, Boynton Beach, Florida/USA, 2020.
[86] University of Portsmouth: »New experiment could confirm the fifth state of matter in the universe«, *PhysOrg*, 21. März 2022, *https://phys.org/news/2022-03-state-universe.html*.
[87] Klonovsky, Michael: »Gender ist Nonsens«, in: *Focus* Nr. 38, 2015.
[88] Kutschera, Ulrich: *Das Gender-Paradoxon*, Berlin 2016.
[89] Rödder, Andreas, und Schröder, Kristina: »Gendern ist Gesinnungszwang« in: *Die Welt*, 28. Juli 2021.
[90] Kunze, Klaus: »Die mörderische Macht der Moralisten« in: *Deutschland-Magazin*, Oktober 2020.
[91] Kendall, Thomas (Hrsg.): *Critical Race Theorie. The Key writings that formed the Movement*, New York 1996.
[92] Kendi, Ibram X.: *How to be an Antiracist*, Berlin 2019.

[93] Joffe, Josef: »Wokeness wird zum Wahn« in: *Neue Zürcher Zeitung,* 21. März 2022.
[94] Schuster, Jacques: »Amerikas Hexenjagd« in *Welt am Sonntag* Nr. 52 vom 26. Februar 2021.
[95] Reichel, Werner: »Gesellschaft ohne Kultur, Wissenschaft und Zukunft« in: *Kopp Exklusiv* Nr. 3, 2022.
[96] Allensbacher Archiv. IfD-Umfrage Nr. 12003, Mai 2019.
[97] Pomsel, Severin: »Pinterest entfernt Fehlinformationen zum Klimawandel radikal« in: *Neue Zürcher Zeitung,* 9. April 2022.
[98] Kautsch, Emil: *Die Apokryphen und Pseudepigraphen des Alten Testaments, Band 2: Die Pseudepigraphen,* Tübingen 1900.
[99] Burgard, Hermann: *Encheduana: Geheime Offenbarungen,* Groß-Gerau 2015.
[100] Burgard, Hermann: *Dingir. Nicht »Götter« retteten die Menschen nach der Sintflut,* Groß-Gerau 2022.
[101] Hoyle, Fred: Wickramashinghe, N. C.: *Evolution aus dem All,* Frankfurt 1981.
[102] Berghof Foundation: Friedenspädagogik, Tübingen 2022.
[103] Salas, Robert: *Unidentfied: The UFO Phenomenon,* Pompton Plains 2015. (Dazu mehrere Auftritte auf YouTube.)
[104] Bracewell, Ronald N.: *The Galactic Club: Intelligent Life in Outer Space,* San Francisco 1975.
[105] Deardorff, James W.: »Examination of the Embargo Hypothesis for the great Silence« in: *Journal of the*

British Interplanetary Society, Jhg. 40, 1987.
[106] Deardorff, James W.: »Possible extraterrestrial strategy for Earth« in: *Quaterly Journal of the Royal Astronomical Society,* Nr. 27, 1986.
[107] Däniken, Erich von: *Der Götterschock,* München 1992.
[108] Knutti, Reto: »Netto Null bis 2050?« in: *Neue Zürcher Zeitung,* Mai 2022.
[109] Baur, Alex: »Wissenschaftliches Mobbing« in: *Die Weltwoche,* 21. März 2019.
[110] Häring, Markus O.: »Lebenselixier Kohlendioxid« in: *Die Weltwoche,* 23. Februar 2022.
[111] »Klimawandel« in: *COMPACT-Spezial* Nr.15, 2017.
[112] Vahrenholt, Fritz: »Fabrikation von Wahrheiten« in: *Die Weltwoche,* 11. Juli 2019.
[113] »Monsoon-driven Saharan dust variability over the past 240 000 years« in: *Science Advances,* 2. Januar 2019.
[114] Reye, Barbara: »Aussterben abgesagt« in: *Die Welt,* 21. Juli 2016.
[115] »Klimawandel-Hoax implodiert: Alle Klimawandel-Fakten auf einen Blick«, Irish Climate Science Forum, 29. Oktober 2019.
[116] Kremer, Bruno P.: »Geometrie in Stein. Maß und Zahl in den Megalithdenkmälern der Bretagne« in: *Antike Welt,* 18. Jhg., Heft 1, 1987.
[117] Kremer, Bruno P.: »Maß und Zahl in den Megalithdenkmälern der Bretagne« in: *Naturwissenschaftliche Rundschau,* 37. Jhg., Heft 12, 1984.
[118] Roberts, David: »Carnac's Megaliths Remain an

Enigma« in: *Smithsonian*, Band 20, Nr. 6, 1989.
[119] Simon, Klaus: »Geometrie vorgeschichtlicher Steinsetzungen« in: *Naturwissenschaftliche Rundschau*, 40. Jhg., Heft 10, 1987.
[120] Thom, A., und Thom, A. S.: *Megalithic Remains in Britain and Brittany*, Oxford 1978.
[121] Däniken, Erich von: *Die Steinzeit war ganz anders*, München 1991.
[122] Manias, Theophanis N.: *The invisible Harmony of the ancient Greek World and the apocryphal Geometry of the Greeks*, Athen 1969.
[123] Tobisch, Oswald O.: *Kult – Symbol – Schrift*, Baden-Baden 1963.
[124] Däniken, Erich von: *Der Mittelmeerraum und seine mysteriöse Vorzeit*, Rottenburg 2012.
[125] Schmidt, Klaus: *Sie bauten die ersten Tempel. Das rätselhafte Heiligtum der Steinzeitjäger*, München 2007.
[126] Collins, Andrew: *Göbekli Tepe. Die Geburt der Götter*, Rottenburg 2015.
[127] Collins, Andrew: *Der Schwan. Vom Sternenkult der mysteriösen Denisovaner über Göbekli Tepe bis zur Entstehung der ägyptischen Hochkultur*, Rottenburg 2019.
[128] Hausdorf, Hartwig: »Göbekli Tepe – Die älteste Stadt der Welt?« in: Tagungsband der Forschungsgesellschaft für Archäologie, Astronomie und S.E.T.I- (A.A.S.), Berlin 2011.
[129] Riessler, Paul: *Altjüdisches Schrifttum außerhalb der Bibel. Die Apokryphe des Abraham*, Augsburg 1928.
[130] In *Mystery* Nr. 4. Juli/August 2022.

Sämtliche Bibelzitate stammen aus: *Die Heilige Schrift des Alten und des Neuen Testaments,* Stuttgart, 1972.

Bildquellen

Abb. 1: Google-Maps (Mars)
Abb. 2–4: NASA
Abb. 5–14: Annika Thies und Ramon Zürcher

A.A.S.
Forschungsgesellschaft für Archäologie, Astronautik und SETI

Liebe Leserin, lieber Leser,

wie in jedem meiner Bücher möchte ich Ihnen die Gesellschaft für Archäologie, Astronautik und SETI vorstellen – abgekürzt AAS. Wir suchen nach neuen Antworten, weil die alten in vielen Bereichen überholt sind.

Es ist unser Ziel, einen anerkannten Beweis für den Besuch von Außerirdischen auf unserer Erde zu erbringen. Dies vor Jahrtausenden. Dabei wollen wir den Grundregeln des wissenschaftlichen Erkenntnisgewinns folgen, uns aber nicht von bestehenden Dogmen oder Paradigmen eingrenzen lassen.

Im Zwei-Monats-Rhythmus geben wir die Zeitschrift *Sagenhafte Zeiten* heraus – in deutscher Sprache –, die allen Mitgliedern der AAS zugestellt wird. Wir organisieren nationale und internationale Konferenzen und führen Studienreisen an interessante archäologische Stätten durch.

Unser jährlicher Mitgliedsbeitrag beläuft sich auf 60.– Euro/ 60.– CHF (Stand Sommer 2022). Wissenschaftler wie Laien aus allen Berufsgruppen gehören zu uns. Wir sind kein exklusiver Club. Jeder kann dabei sein.

Ich würde mich freuen, wenn Sie sich auf unserer Homepage informieren oder Gratisauskünfte erbitten würden bei:

AAS, Postfach 319, CH-3800 Interlaken
www.sagenhaftezeiten.com
E-Mail: info@sagenhaftezeiten.com

Erich von Däniken gibt Antworten
auf die wichtigsten Fragen, spektakulärsten Entdeckungen und verstörendsten Erlebnisse seiner Leser

Erich von Däniken erhält Tag für Tag rund 200 Schreiben von seinen Lesern. In 300 Arbeitstagen sind das 60000 Zuschriften im Jahr. Was möchten die Menschen von Erich von Däniken? Was berichten sie ihm?

In diesem Buch veröffentlicht der erfolgreichste Sachbuchautor die spannendsten dieser Schreiben: Dutzende von E-Mails und Briefen, in denen seine Leser von rätselhaften Erlebnissen und archäologischen Funden berichten, die sich allen rationalen Erklärungen entziehen, aber auch Fragen stellen und Zweifel an der Theorie des Autors äußern. Däniken beantwortet alle Fragen und beweist, dass seine Thesen nach wie vor schlüssig sind.

Lesen Sie in diesem Buch unter anderem:

- Ein Russe beobachtete auf einem Spielplatz die Landung eines UFOs. Aus ihm stiegen Wesen mit drei Augen.

- Ein Junge aus Teneriffa wurde von fremden Wesen in einer »Kugel« mitgenommen.

- Ein Mann fand eine Millionen Jahre alte Versteinerung: Sie erwies sich als Helm, in dem noch ein Schädel steckte.

gebunden
255 Seiten
durchgehend farbig illustriert
ISBN 978-3-86445-845-3

Kopp Verlag
Bertha-Benz-Straße 10
D-72108 Rottenburg
Telefon (0 74 72) 98 06 10
Telefax (0 74 72) 98 06 11
info@kopp-verlag.de
www.kopp-verlag.de

Die neuesten Zeugnisse einer uralten Wahrheit

Erich von Däniken präsentiert Ihnen in diesem Buch seine neuesten und spektakulärsten Forschungsergebnisse. Er verbindet diese neuen Indizien intelligent mit denen, die sich in mittlerweile 41 Werken von ihm niedergeschlagen haben. Dabei wird deutlich: Auch diese neuen Erkenntnisse stützen die Theorie, die der Bestsellerautor seit Langem vertritt. Vor Tausenden von Jahren kamen Außerirdische auf die Erde; sie vermittelten den Menschen bis dahin unbekannte Fertigkeiten und sorgten für einen Wissenssprung.

Die dreifingrigen Wesen von Nazca

Zu den neuen Entdeckungen, die Erich von Däniken in diesem Buch präsentiert, gehört auch ein Ereignis, das man nur als sensationell bezeichnen kann: 2017 wurde der Autor darüber informiert, dass in der Nähe des peruanischen Ortes Nazca merkwürdige mumifizierte Wesen gefunden wurden, die vor mehreren Tausend Jahren gelebt hatten, drei Finger und drei Zehen aufwiesen und außergewöhnlich lang gezogene Köpfe hatten. Einer der Mumien war – offensichtlich vor mehreren Tausend Jahren – ein Metallplättchen unter die Haut implantiert worden. Die Wissenschaftler sind sich einig:

Diese Wesen stammen nicht von der Erde!

gebunden
218 Seiten
durchgehend farbig illustriert
ISBN 978-3-86445-614-5

***

Kopp Verlag
Bertha-Benz-Straße 10
D-72108 Rottenburg
Telefon (0 74 72) 98 06 10
Telefax (0 74 72) 98 06 11
info@kopp-verlag.de
www.kopp-verlag.de

Die unmögliche Evolution:
Warum die Thesen der Darwinisten nicht länger haltbar sind

Es gab einmal ein Gedankengebäude, das nannte man Evolutionstheorie. Erdacht von klugen Menschen und bestätigt durch unzählige Wissenschaftler. Dann entdeckten die Menschen das Elektronenmikroskop. Damit ließen sich die Moleküle innerhalb der Zelle sichtbar machen, und plötzlich tauchten Fragen zur Evolution auf, die vorher nicht möglich waren. Welche Kraft bündelt eigentlich die Atome in der richtigen Reihenfolge? Was verschiebt die Molekülketten in die korrekte Position? Wie eigentlich war die erste lebende Einheit innerhalb der Zelle entstanden? Wie funktioniert die Vererbung, die Weitergabe der Informationen an die nächste Generation? Stammte der Mensch nur und ausschließlich von den Primaten ab, wie Charles Darwin und unzählige andere Geistesgrößen annahmen – oder griffen zusätzliche »Motoren« in die Evolution ein? Kräfte, von denen man bislang nichts ahnte?

Heute steht fest: Mit der bisherigen Evolutionstheorie lassen sich unzählige Fragen nicht mehr beantworten. Überall gibt es Eigenschaften von Tieren, die nirgendwo in die Evolutionstheorie passen wollen. Irgendein anderer Einfluss, der uns bisher entgangen ist, wirkt auf die Evolution. Man nennt ihn »Intelligent Design«. Dahinter wird eine intelligente Planung vermutet. Irgendwer oder irgendwas – ein Geist des Universums? Außerirdische? – müsste hinter dieser Planung stecken.

Erich von Däniken demonstriert an unzähligen Beispielen die Unmöglichkeit des bisherigen Evolutionsgedankens. Er zitiert Wissenschaftler, die gegen die bisherige Lehre argumentieren, aber auch solche, die sie verteidigen. Alles Evolution – oder was?

gebunden
223 Seiten
durchgehend farbig illustriert
ISBN 978-3-86445-779-1

Kopp Verlag
Bertha-Benz-Straße 10
D-72108 Rottenburg
Telefon (0 74 72) 98 06 10
Telefax (0 74 72) 98 06 11
info@kopp-verlag.de
www.kopp-verlag.de

KOPP VERLAG

Bücher, die Ihnen die Augen öffnen

In unserem kostenlosen Katalog finden Sie Klassiker, Standardwerke, preisgünstige Taschenbücher, Sonderausgaben und aktuelle Neuerscheinungen.

Viele gute Gründe, warum der Kopp Verlag Ihr Buch- und Medienpartner sein sollte:

- ✔ **Versandkostenfreie Lieferung** innerhalb Europas
- ✔ **Kein Mindestbestellwert**
- ✔ **30 Tage Rückgaberecht**
- ✔ **Keine Verpflichtungen** – kein Club, keine Mitgliedschaft
- ✔ **Regelmäßige Informationen**
  über brisante Neuerscheinungen und seltene Restbestände
- ✔ **Bequem und einfach bestellen:**
  Wir sind von 6 bis 24 Uhr für Sie da – 365 Tage im Jahr!

Über 1,5 Millionen zufriedene Kunden vertrauen www.kopp-verlag.de

Ein kostenloser Katalog liegt für Sie bereit. Jetzt anfordern bei:

KOPP VERLAG

Bertha-Benz-Straße 10 • 72108 Rottenburg a. N.
Telefon (0 74 72) 98 06 10 • Telefax (0 74 72) 98 06 11
info@kopp-verlag.de • www.kopp-verlag.de